如何成为下一个 Facebook

从 Idea 到 IPO，认清创业中的机会与陷阱

[美] 汤姆·陶利（Tom Taulli）著

秦令华 吴振阳 译

HOW TO CREATE THE NEXT FACEBOOK

Seeing Your Startup Through, from Idea to IPO

机械工业出版社
China Machine Press

图书在版编目（CIP）数据

如何成为下一个 Facebook：从 Idea 到 IPO，认清创业中的机会与陷阱 /（美）汤姆·陶利（Tom Taulli）著；秦令华，吴振阳译．—北京：机械工业出版社，2018.1

书名原文：How to Create the Next Facebook: Seeing Your Startup Through, from Idea to IPO

ISBN 978-7-111-58697-5

I. 如…　II. ① 汤…　② 秦…　③ 吴…　III. 企业管理－研究　IV. F272

中国版本图书馆 CIP 数据核字（2017）第 301108 号

本书版权登记号：图字　01-2017-3419

Tom Taulli. How to Create the Next Facebook: Seeing Your Startup Through, from Idea to IPO.

ISBN: 978-1-4302-4647-3

Original English language edition Published by Apress Media.

如何成为下一个 Facebook

从 Idea 到 IPO，认清创业中的机会与陷阱

出版发行：机械工业出版社（北京市西城区百万庄大街 22 号　邮政编码：100037）
责任编辑：杜若佳
责任校对：李秋荣
印　　刷：北京文昌阁彩色印刷有限责任公司
版　　次：2018 年 1 月第 1 版第 1 次印刷
开　　本：147mm × 210mm　1/32
印　　张：9.5
书　　号：ISBN 978-7-111-58697-5
定　　价：59.00 元

凡购本书，如有缺页、倒页、脱页，由本社发行部调换

客服热线：（010）68995261　88361066　　投稿热线：（010）88379007
购书热线：（010）68326294　88379649　68995259　　读者信箱：hzjg@hzbook.com

Contents

目录

Foreword

推荐序

创业是艰难困苦的。每天就像过山车一样，你要有强大的承受力，着眼未来，有改变世界的精神和坚信自己能成功的雄心壮志。学习，失败，再学习。自从 1999 年我创办自己的第一家企业以来，互联网行业已经发生了巨变。在 Facebook 推出之后，我们都不得不迎头赶上。科技领域的变化发展速度超过以往任何时候，但同时为用户创造了更多的价值。

“快速突破，除旧立新”“完成比完美更重要”，在融入主流创业文化之前，这些陈词滥调似的座右铭描述了 Facebook 的简单哲学——代码部署要快，不断重复尝试。在硅谷，我们一向行动迅速，但 Facebook 驱策我们快马加鞭。在 BranchOut，我们不得不紧随 Facebook 的一周开发周期，因为我们的企业是寄生在 Facebook 上的一个应用程序。我们欣然接受了“快速突破”精神下的开发者驱动文化，因为代码部署的速度越快，犯错误并从中学习的速度就越快。

在创建企业时会发生很多利益冲突。2004 年，友人网

（Friendster）试图以1000万美元的价格收购Facebook。如果收购真的发生了，谁知道Facebook还会不会在第二年增加照片共享功能，向所有有电子邮箱地址的人敞开，最终使世界变得像今天这样开放而紧密相连呢？在创建企业时会有非常巨大的外部压力，要求你达到特定的指标，在最后期限前完成任务。当然，也会有很多建议，但最终都取决于你是否听取用户的建议。如果你创建的企业没有活力，用户就不会回头。在BranchOut，我们努力让用户的生活更加美好。我们努力帮助人们更好地进行职业展示，人们可以在网站上进行交际，找到自己的导师和梦想的工作。

创造价值。跑快些，做大些，改变世界。

里克·马里尼（Rick Marini）

BranchOut 创始人

The Translator's Words

译者序

世界著名经济学家熊彼特认为："创业是经济过程本身的主要推动力。"创业活动是经济增长的极重要源泉和强有力促进因素，是推动经济可持续性发展的根本保证。随着我国经济进入增速换挡、结构优化、动力转换的新常态，创业创新成为新常态经济的双引擎之一。

在新一轮科技革命和产业变革的带动下，在政府"大众创业、万众创新"政策的大力推动下，创业成本越来越低，我国正在迎来新一波的创业浪潮，创业企业、创业投资、创业平台爆炸式增长，创业群体迅速扩大。国家工商总局的统计显示，2016 年，我国新登记企业 552.8 万家，同比增长 24.5%，平均每天新登记 1.51 万家。但众所周知，创业的失败率一直居高不下。要解决这个问题，既需要从外部提供更多政策支持，解决创业环境的优化问题，更需要从内部提升创业者自身的创业能力。

很多人可能会有创业热情和创意，但将其付诸实施是艰辛的。汤姆·陶利的这本《如何成为下一个 Facebook：从 Idea 到 IPO，认清创业中的机会与陷阱》为读者介绍了如何将创意卓有成效地付诸实施，提高创业成功率。本书全面分析了在整个创业过程中，创业者可能遇到的诸多关键问题，其主要特色体现为以下几方面。

第一，按照在创业过程中出现的各创业主题的先后顺序，对全书章节进行了合理安排，使读者阅读本书就像经历了一次真正的创业之旅。全书广泛涉及了各种重要的创业主题，例如，初创企业的使命、法律和财务问题，如何将设想转化为产品、市场分析，投资者希望创业企业回答哪些问题，团队建设和管理、上市、创业的退出机制以及创业者的个人财富管理等。

第二，本书是作者多年以来在硅谷的大量观察、研究和个人经验的智慧结晶。在介绍各种主题时，以 Facebook 的创业历程为主线，同时穿插了大量其他知名企业的案例，帮助读者理解创业过程的各个方面。

第三，作者向我们描述了 Facebook 的成功经验，但对创业过程中 Facebook 的一些重大失误也毫不避讳，提醒创业者引以为鉴，并为创业者提供了行之有效的具体建议。

本书聚焦于旧金山的科技型初创企业，尤其契合我国这一波创业浪潮的特征。与前几次相比，这一波创业的鲜明特征是初创企业大都集中在“互联网＋”领域。因此，互联网和移动领域的初创企业将从中获益良多。同时，书中呈现的 90% 的概念和想法同样适用于其他类型的创业。当然，在阅读本书时，读者也需要注意在创业政策和法律环境上美国和我国的诸多差异，避免对相关内容持“拿来主义”的态度。

无论你处于创业的哪一阶段，或仅仅是希望丰富自己的创业知识，这本书都将为你提供丰富翔实的知识经验和大量切实有效的帮助。

参与本书初稿翻译工作的有浙江师范大学外语学院英语笔译专业硕士研究生刘玉婷、张苗群和张春丽，以及翻译学专业硕士研究生张翰旭等。

在翻译过程中，我们得到了浙江师范大学经济与管理学院何曙荣老师和外国语学院张生祥老师的热情帮助，也得到了机械工业出版社策划编辑陈宝英老师和责任编辑杜若佳老师的各种支持，在此一并致以诚挚的谢意。

在翻译的过程中，我们力求忠于原文，但毕竟学养有限，翻译不当之处在所难免，敬请各位专家读者不吝赐教。

吴振阳　秦令华
2017年7月
于浙江师范大学

Preface

前言

我得承认，本书的书名绝对有煽动性。谁不想创建出下一个Facebook，从而富甲天下和闻名世界呢？毫无疑问，Facebook的成功激励了许多人渴望成为创业者。创业已经成了当今的重大热点。

然而，本书并非阐述如何复制Facebook。毕竟，Facebook已成为社交网络领域的超级大赢家。历史表明，一旦在新市场上达到临界点，市场领导者通常就能在数年里保持其龙头老大的地位。看看谷歌、微软、Skype和eBay就知道了。

取得优势地位通常是少数几个最为重要的决策之一。聚友网（MySpace）和友人网本可以轻易做到这一点。瞧，如果历史是另一个发展轨道的话，我的这本书也可以叫作《如何成为下一个聚友网》或《如何成为下一个友人网》。

本书的目的是，讲述在8年的时间里，Facebook从毫无价值到估值超过500亿美元这一过程的关键环节。不过，我不仅会讲述Facebook的成功之道，也会客观地谈论其所犯的错误，而其中的一些错误几乎是致命的。

下面是本书的主要内容。

第 1 章——“使命”：使命应该是宏大的目标。你想在某种程度上改变这个世界，这才是成功的强大驱动力。使命能让员工、投资者和客户兴奋起来。

第 2 章——“法律架构”：这块内容枯燥乏味，但很重要。在创业初期，因为法律上的不当决策，马克·扎克伯格（Mark Zuckerbuger）差一点儿自毁长城。

第 3 章——“产品”：扎克伯格是位产品天才，但你不必是天生的奇才才能成功。这一章重点介绍了一些最佳实践，能帮助你创建客户喜爱的产品。

第 4、5、6 章——“筹集资金”“推介”和“交易条款”：这几章介绍了若想要从投资者手里筹到钱，你需要知道的所有内容。即使是非常成功的企业，也需要筹集资金。从一开始创业，Facebook 就一直在筹资。在其历史上，该企业筹资了 180 多亿美元。

第 7 章——“走向市场”：这一话题很少引起创业者的关注，但这是一大疏忽。如果没有可靠的走向市场策略，创业可能会失败。

第 8 章——“财务”：这是另一个乏味的话题，（对不起！）但请别跳过这一章。虽然科技行业经历过狂热的泡沫期，财务的基础原则似乎并不太重要，但这只是暂时的走火入魔。最终，还是需要了解企业财务的具体细节。

第 9 章——“商业模式”：这是指企业怎么赚钱。你可能会有个主要的营业收入来源。这一章主要介绍了一些行之有效的重要商业模式。

第 10 章——“成为卓越的 CEO”：扎克伯格并不是天生的 CEO。事实上，他一点儿也不擅长扮演这个角色，至少在 Facebook 发展的前几年是这样的，但他有决心改进。因此，做 CEO 绝对是可以学习的。

第 11 章——“团队”：扎克伯格一直明白创建具有凝聚力团队的重要性，但他也知道，有时候，对一些人不得不放手。

第 12 章——“兼并与收购”：自 2007 年以来，扎克伯格进行的收购已经超过了 25 次。大多数收购是为了获得人才，这一过程被称为人才收购。这一章介绍了如何通过并购交易支持企业的发展。

第 13 章——“出售企业”：扎克伯格立足于保持企业的独立性。但现实是，大部分企业最后都会被卖掉。这一章主要介绍了如何使交易的价值最大化。

第 14 章——“IPO”：2012 年，Facebook 上市了。没错，IPO 极具挑战性，但 Facebook 的上市是美国历史上第二大 IPO 交易。这一章向大家展示了应该如何上市。

第 15 章——“财富管理”：作为创业者，你有机会变得富有。不过，你要确保妥善管理自己的财富。创业者失去财富的可怕消息可不少。

第 16 章——“总结”：在这一章中，我提出了一些你可以考虑的重要机遇。

为什么应该由我来写这本书？嗯，我确实有些独到的观点。我创建了好几家科技型企业，也向天使投资者和风险投资家筹集过资金，还曾将其中的一家企业出售给上市公司。同时，我自己也在进行天使投资，给企业提供咨询。

这些全都是宝贵的经验。在这本书里，我努力把我的经验都呈现出来。我多么希望在创办第一家企业的时候，自己已经知道了这些事情。

在过去的 15 年里，我也一直在写作。我出了 10 本金融和科技方面的书籍，也为《商业周刊》和《福布斯》这类刊物撰稿。在撰写本书的过程中，我与许多成功的创业者进行了对话，例如，谷歌的谢尔盖·布林（Sergey Brin）和推特（Twitter）的埃文·威廉姆斯（Evan Williams）等。这是一次极好的学习经历。

简介就到此为止，让我们开始吧。

第 1 章

— *Chapter*1 —

使命

革命不会自然而然地瓜熟蒂落，而必须去努力促成。

——切 · 格瓦拉（Che Guevara）

如果你去浏览马克·扎克伯格的 Facebook 页面，就会看到上面赫然写着："我始终努力促进世界更加开放。"[㊀]对任何人来说，这都是一项伟大的使命，这自然也是他的公司的使命。在 Facebook 首次公开募股（IPO）的招股说明书中，有一封扎克伯格致股东的信。信中说："创建 Facebook 的初心，其实并非商业动机，而是为了完成一项社会使命——让世界更加开放、更加紧密相连。"[㊁]你通常不会把这种使命与企业联系起来，但所有伟大的企业都有远大的愿景，而且这种愿景总是基于创始人的力量，如霍华德·舒尔茨（Howard Schultz）、沃尔特·迪士尼（Walt Disney）、亨利·福特（Henry Ford）、史蒂夫·乔布斯（Steve Jobs）和比尔·盖茨（Bill Gates）等，他们不仅是首席执行官（CEO），而且都是革命者。

㊀ 引自 www.facebook.com/pages/Mark-Zukerberg/156559947734345。

㊁ "Facebook IPO Prospectus，" May 17，2012，www.sec.gov/Archives/edgar/data/1326801/000119312512240111/d287954d424b4.htm.

Facebook每天都在影响无数人的生活：促进友谊，甚至促成婚姻；促进不同文化和观念之间的沟通理解。在某些情况下，Facebook的影响是颠覆性的。在灾难发生时，如2011年3月，在可怕的海啸袭击日本时，Facebook就是一个重要的沟通传播工具。它甚至可能引起社会的根本变化，就像在“阿拉伯之春”所见的那样[⊖]。

在Facebook的IPO招股说明书中，扎克伯格这样写道：

> 我们开始看到，人们在获得了分享的能力后，他们发出了有史以来规模空前的声音。无论是在数量上，还是在影响力上，这些声音都会持续提高增强，无法忽略。随着时间的推移，我们希望各国政府更加积极地应对全体民众直接表达的问题和关切，而不是通过少数精英控制的中间机构来听取民声民意。[⊜]

尽管秉持这样的使命，现在的Facebook其实并不是个乌托邦式的理想天堂。变化会导致混乱。Facebook会破坏友谊，甚至导致欺凌或离婚，是个可能会发生残忍可怕事件的地方。但总的来说，Facebook一直都是世界各地无数人生活中的积极力量。不然的话，为什么每天都会有5亿多人访问

⊖⊜　系指2010年12月突尼斯的一些城镇爆发动乱以来，阿拉伯的一些民众纷纷走上街头，要求推翻本国的专制政体的行动。——译者注。

网站呢？

Facebook 赋予用户力量，广受欢迎，扎克伯格也因此成为他这一代中的杰出人物。他不仅是世界上最富有的人物之一，而且有许多其他的非凡成就，例如，他获选 2010 年《时代》杂志的“年度人物”，甚至还得到了美国总统的接见。所有这一切都发生了，而扎克伯格那时才二十几岁。

这一切都始于一项使命——这项使命让地球上的每个人都产生共鸣。这是创业者的宝贵经验。你需要创造一些值得努力去做的事情。你必须愿意每天早晨一醒来，就会坚持不懈地执行使命。使命会让你的员工充满干劲，让你的客户感到兴奋，甚至可能会改变整个世界。

扎克伯格的使命并不一定是原创的。实际上，历史上有很多社交网络概念的先例，其中第一个就是电报。电报通过电线来发送电子消息，需要使用者掌握一种特殊语言——**莫尔斯电码**（Morse code）。这项技术是塞缪尔·莫尔斯（Samuel Morse）构思出来的。在 1808 年就读于耶鲁大学时，莫尔斯对电的概念和用途很感兴趣。然后，在 1832 年，莫尔斯参加了一次航海旅行，就是这次旅行改变了他的生活和历史的进程。在这次旅行中，他遇到了电磁学专家查尔斯·托马斯·杰克逊（Charles Thomas Jackson）。查尔斯用电磁铁给莫尔斯做了几个实验。然后，莫尔斯开始学习电磁物理学，他提出了电报的构想——利用电磁学原理，通过廉价低质的电线远距离发送信息。当时还有其他几位发明家也有同样的想法，但莫尔斯的财力更雄厚，比其他人更快地推广了发明。1838 年，莫尔斯在新泽西州莫里斯敦（Morristown）推出了电报，这项技术于是迅速传播，甚至导致了快速发展的通信行业巨头——西联汇款（Western Union）的创建。

电报只是社交网络史上的起点。1876 年，亚历山大 · 格雷厄姆 · 贝尔（Alexander Graham Bell）发明了电话。与电报的发明如出一辙，当时还有一个人——伊莱沙 · 格雷（Elisha Gray）也持有同样的想法。然而，贝尔先到达了专利局，仅仅早到了几个小时，可见速度在科技领域始终是至关重要的！

扎克伯格和 Facebook 有同样的经历。当时，还有其他网站，如友人网（Friendster）和聚友网（MySpace），也都是基于在线社交网络的概念，但扎克伯格做得更好、更快。难怪他最喜欢的一首歌曲是蠢朋克乐队（Punk Daft）的 *Harder Better Faster*。

和所有伟大的新科技一样，Facebook 也曾受到很多人的质疑。批评者会怀疑一切真正的创新，这是很自然的事情。在西联汇款评估电话时，其结论是："真要把它当作沟通工具，还有太多的缺点。从本质上来说，该设备对我们毫无价值。"[⊖]对于 Facebook，批评者怀疑人们不会把所有的个人信息放到网站上。但扎克伯格推出了 Facebook，他坚信自己的使命，相信 Facebook 是完成使命的最佳方式。

⊖ 引自西联汇款内部备忘录（1876）。

Facebook 并不是唯一坚持践行使命的企业。如今，各行各业所有成功的企业都在向世界传达承诺，并日复一日地信守承诺。表 1-1 列示了几家成功企业的使命陈述。

表 1-1 成功企业的使命陈述

企　业	使命陈述
星佳（Zynga）	我们在 2007 年创立了星佳，使命是用游戏连接世界。我们相信游戏会像搜索、共享和购物一样，成为互联网的核心活动之一（www.sec.gov/Archives/edgar/data/1439404/000119312511343682/d198836d424b4.htm）
潘多拉电台（Pandora）	我们的使命是丰富人们的生活，让他们随时随地享受自己知道的音乐，找到自己喜欢的音乐，让人们在完全个人和深层情感的层面与音乐联系起来。无论是 10 年前首次听到的歌曲，还是刚刚发现的歌曲，如果他们链接我们提供的音乐服务，立即就能与潘多拉建立强有力的情感纽带。正如我们珍视音乐一样，我们也对那些创作音乐的人深表敬意。我们祝福并珍惜每一个选择创作音乐的人，从巨星到才华横溢的艺术新秀（www.sec.gov/Archives/edgar/data/1230276/000119312511165534/d424b4.htm）
Zillow	我们的使命是建立最值得信赖、最具活力的房地产市场，使消费者能够获得信息和工具，做出明智的房地产决策（www.sec.gov/Archives/edgar/data/1334814/000119312511192519/d424b4.htm）
亚马逊（Amazon.com）	我们的愿景是成为世界上最以客户为中心的企业，建立人们可以找到和发现所有他们想在网上购买的东西的平台（http://phx.corporate-ir.net/phoenix.zhtml?c=97664&p=irol-faq#14296）
星巴克（Starbucks）	我们的使命：激发并孕育人文精神——每人、每杯、每个社区（www.starbucks.com/about-us/company-information/mission-statement/）
耐克（Nike）	为全世界每一位运动员带来灵感和创新（http://help-us.nike.com/app/answers/detail/a_id/113/~/what-is-nike's-mission-statement%3F）
谷歌（Google）	整合全球信息，使人人皆可访问并从中受益（www.google.com/about/company/）

满怀激情

你的使命可能是伟大的，但也必须是你非常热爱的东西。如果你不热爱，那么使命多半是空洞的。作为福布斯网站（Forbes.com）的一名博主，我听过创业新手的很多推介（pitch）。我知道，他们通常对自己的使命并不感到兴奋，甚至没有使命。

我只能选择少数几个初创企业来撰稿，所以，它们必须迅速引起我的注意。如果推介邮件的前几句不能激发我的兴趣，我就可能只会将信息转到我 Gmail 账户的“媒体”部分，一般不会再去看了。而有些企业虽然引起了我的兴趣，我同意开一场会，听听他们要说些什么，却发现许多演讲报告乏善可陈。创始人通常在背景和产品技术上花了太多时间，当要解释企业的愿景和战略时，信息常常混乱不堪。这是个不祥的迹象。根据我的经验，我知道许多这样的企业最终都失败了。

对于所有我看到的和听到的低劣演讲报告，我可以继续写上好几页，但我们还是来关注一下好的情况吧。我们来看看其中一个杰出的案例。2007 年 9 月，我对 Mint.com 的创始人阿伦·帕兹尔（Aaron Patzer）进行了电话采访。正如现在大多数人所知道的那样，通过把用户的银行和信用卡财务信息导入中央数据库，Mint.com 让用户可以更好地管理自己的财务。然后，该公司向其用户提供有用的报告、图表和财务提示与建议。

虽然产品本身很吸引人，也可能损害了财捷集团（Intuit）Quicken 财务管理软件的特许权，但这并不是这次电话采访令人难忘的原因，而是帕兹尔对自己所创建产品的纯粹热情令人难忘。他谈到，对他来说，Quicken 财务管理软件没什么用，他多么想要一个产品来帮助自己解决财务管理的问题。简单地说，帕兹尔已经把让人们更容易管理财务当作自己的使命。

在后来的产品演示中，帕兹尔向我展示了他的个人 Mint.com 账户。他的激情演讲表明，他是“吃自家狗粮”的典范，也就是说，他是自家产品的热情用户。更重要的，是他不仅通过向我演示他本人使用 Mint.com 来管理个人财务，为了支持自己的产品，帕兹尔还另外声明：产品是安全的。安全是用户关心的重大问题，但帕兹尔谈到了为确保 Mint.com 用户个人财务信息的安全，他所做的一些艰巨努力。总而言之，这是一次令人印象深刻的演示，所以我并不惊讶 Mint.com 立刻引起了轰动。由于担心受到损害，在 2009 年 9 月，财捷集团斥资 1.7 亿美元收购了 Mint.com。

虽然激情不是成功的前提条件——我个人也觉得确实没有什么是成功的前提条件，但我认为，在最终能帮助好企业茁壮成长的因素中，激情是很重要的。激情极具传染性，能激发员工、客户和媒体的热情。这是一种强大的力量。也许最重要的，是激情能够帮助创始人保持努力工作和成功的动力。难道你不愿意花时间去做你喜欢的事情吗？难怪顶尖的创业者经常说他们愿意免费工作。

在做事情的激情方面，很少有创业者能做到里克·奥尔登（Rick Alden）那样的程度。1970 年，在他还年轻时，奥尔登就开始滑雪了。1985 年，他迷上了单板滑雪。为了支持这项运动，奥尔登成立了营销公司——全国单板滑雪（National Snowboard），专门组织单板滑雪比赛。最终，全国单板滑雪公司的工作成为促使这项运动取得巨大成功的关键因素。在 20 世纪 90 年代中期，奥尔登把公司出售后，创办了设备制造公司（Device Manufacturing），专注于开发滑雪靴及其固定装置。后来他把那家公司也卖掉了。然后，在 2003 年，奥尔登又有了一个创意，这是他个人的突破性创业。当时，在犹他州帕克城（Park City）的滑雪缆车上，他用 iPod 听音乐时，感到疑惑不解：为什么这款设备没有高档耳机呢？奥尔登又一次立即创办了一家名为 Skullcandy 的公司。在创办公司的早期，要在市场上获得关注并不容易，但他坚持不懈。毕竟，这是他的激情所在！随着时间的推移，Skullcandy 受到了市场的欢迎，成为一个顶级的生活方式品牌。到 2010 年，销售额达到 3570 万美元；一年后，公司上市。这很酷吧？

我们再来看另一个例子。在创办 Facebook 时，扎克伯格并没有全职投入工作。当时他是哈佛大学的学生，手头还有许多其他项目。其中一个是 Wirehog，该应用程序能让用户共享各种类型的文件，主推音乐文件，扎克伯格觉得比这

Facebook 更有趣。即使 Facebook 开始迅速发展后，扎克伯格仍然认为 Wirehog 是个突破性的创意。但最后他意识到这是个错误而放弃了这一项目。Wirehog 从来没有流行起来，这可能是最好的结果，因为扎克伯格担心娱乐公司可能会起诉自己以及其公司侵犯版权。除了 Facebook 和 Wirehag，扎克伯格还开发了一个名为 Synapse 的工具——基于用户的兴趣播放音乐，并引起了微软（Microsoft）之类的公司的注意。他还开发了一些其他的深受欢迎的应用程序，所有这些应用程序都允许用户彼此分享。例如，CourseMatch 让用户很容易就能看到谁在某个学期学习了什么课程，而 Facemesh 则会并列显示两个相同性别学生的照片，浏览者能投票决定谁更有吸引力。尽管并非所有的项目和应用程序都能够经久不衰，但事实是，扎克伯格所有的创业活动都围绕其对编码的巨大激情和创建能与其他人共享的应用程序的特殊兴趣这两个主题。他开发的软件应用程序都是工具，让他能够去追求与他人连接和共享这一目标。

全力以赴

改变世界不是一份兼职工作，而需要全身心投入。当杰夫·贝佐斯（Jeff Bezos）看到机会去创建一家销售书籍的电子商务公司时，他放弃了对冲基金经理的高薪工作，带着家人横穿整个美国，去了西雅图，一路上还为亚马逊制订了商业计划。贝佐斯（正确地）认识到互联网是个大趋势。扎克伯格也有类似的经历。2004年夏天，他和哈佛的几个朋友离开学校，在帕罗奥图市（Palo Alto）租了一所房子来创建Facebook。当时他没有制订很详细的计划，只是想全力以赴创建这一网站。到了这一年年底，他决定退学。

这些故事相当普遍。我们不妨看一看史蒂夫·斯特赖特（Steve Streit）。在1999年，他失去了电台音乐节目主持人的工作。当时他有6个孩子，却没有备选工作，但他仍然对预付借记卡的想法充满激情。为了实现自己的梦想，他投入了所有的积蓄，创办了一家名为绿点（Green Dot）的公司。最终，他筹集了风险资本，与沃尔玛（Walmart）达成了一项重要的分销协议。该公司于2010年以10亿美元的估价上市。

创业者需要高度投入和专注一致，分心可能是致命的。当然，也有一些例外。史蒂夫·乔布斯能够同时经营苹果公司（Apple）和皮克斯公司（Pixar），但我们都知道，像史蒂夫·乔布斯这样的人并不常见。

立意高远

如果要成为积极进取的创业者，比起其他任何事情（包括企业本身），你最需要关注的是使命。很显然，软件营销部队（Salesforce.com）的创始人马克·贝尼奥夫（Marc Benioff）就是这样做的。在他创立公司的早期，我与他有过一次交谈。

此后，我看到他的公司快速发展。软件营销部队主要致力于开发客户关系管理（CRM）软件。对大多数人来说，客户关系管理软件不是很有意思，但是贝尼奥夫找到了向其他企业提供软件的一种独特方式：他开创了云计算模型。这意味着企业可以通过互联网获取贝尼奥夫的客户关系管理软件。这种分销方式是颠覆性的，因为传统上，软件都安装在企业网络上，需要大量硬件和服务器，更不用说高薪顾问了，但贝尼奥夫确信云计算模型要优越得多。当我和贝尼奥夫交谈时，他很少提及客户关系管理，而是猛烈抨击了传统软件。对我来说，听到这个消息，比听到客户关系管理系统软件的特点更为有趣。

当我在软件营销部队结识了其他人之后，我很快意识到这些人也深刻理解公司云计算能力的要旨，并深信不疑。在我和他们交谈时，他们在这方面从来没有任何困惑。随着时间的推移，软件营销部队成为云计算的象征。当其他企业决定采用基于云计算的解决方案时，他们首先想到的便是软件营销部队。这种品牌优势已经使软件营销部队能够将其平台扩展到其他软件类别。截至 2012 年，软件营销部队的市值超过 200 亿美元。

雄心抱负

许多创业者都想创建不太注重强劲增长的生活方式型企

业，其实是想创建一家利润丰厚的企业，从而能有更多的时间来做其他感兴趣的事情。谁不想在某个地方比如夏威夷毛伊岛（Maui）运营一个网站，每天只用工作几个小时呢？有些人确实就是这样去做的，这种努力可能有利可图，但这些类型的企业不会创造太多的财富。在本书中，我关注的是那些能**改变人们生活**从而创造财富的企业。这意味着除了经营这一企业以外，通常没有什么时间去做任何其他事情，所以，首先，对经营企业充满激情是有助益的。

创建大型企业似乎会有巨大的风险，但这么做肯定也有一些好处。例如，大企业更容易招募人才。谁不想为一个有巨大前景的企业工作呢？此外，如果你在为创建一家大型企业筹集资金，那么你也会更容易获得风险资本。如果一家企业能争取的市场机会不到 10 亿美元，甚至不会有风险投资家（VCs）去考虑是否予以支持，对他们来说，投资小企业不值得冒风险。

尽管这是现实，但我遇到的很多创业者并没有意识到规模的重要性，他们不断地向风险投资家介绍，但都无济于事。我尽力引导他们走向正确的方向，提醒他们可能需要重新考虑自己的目标，也就是说，要有大格局思维（雄心壮志）。但在大多数情况下，对创业者来说，拥有大格局思维并不容易。因此，他们筹集风险资本的努力往往是不切实际的。

不过，雄心壮志并不意味着你自然就会成功，但这样做可能会给你一些下行保护（downside protection）。如何进行下行保护呢？我们不妨来看个例子：假设你创建了一家企业，专注于一个有 20 亿美元潜力的市场。经过几年的努力，营业收入达到了 5000 万美元。虽然你的企业离成为下一个 Facebook 还很远，但是你仍然取得了巨大的成果，而且你的企业肯定有价值！现在，假设你决定卖掉它。即使你没有从这笔交易中赚大钱，因为你的风险投资家可能会从中分到最大的“蛋糕”，但你还是“有利可图”的。你可以从这次经历中吸取经验教训，然后运用到你的下一次创业中去。你也可能因此赚了几百万美元，那么就去创建下一个企业吧。

马克·平卡斯（Mark Pincus）是 Facebook 的最初投资者之一，他创建过几个很一般的初创企业。然而，在 2007 年，他利用自己的经验和网络创建了星佳（Zynga）。到 2011 年年底，他已经在 IPO 中募集了 10 亿美元，并入选福布斯亿万富豪榜。

另外一个有雄心壮志的人是埃隆·马斯克（Elon Musk），他影响了全世界各行各业中无数的人。他的创业历程远非易事，他经历了好几次绝处逢生的险境，但每一步都吸取了经验教训。在年仅 10 岁时，马斯克就开始编码了。2 年后，他以 500 美元的价格卖掉了第一个程序——太空游戏程序。然后，在 20 世纪 90 年代中期，马斯克创办了一家名为 Zip2 的互联网内容出版商，后来他又以 3 亿美元的价格卖掉了。接下来他又创办了 X.com，致力于在线金融服务。为了促进增长，他将该公司与竞争对手 Confinity 合并，Confinity 是由麦克斯·拉夫琴（Max Levchin）和彼得·蒂尔（Peter Thiel）（后者是 Facebook 的最初投资者）共同创办的。这家新公司就是著名的**贝宝**（PayPal），但是资金消耗率（burn rate）过高，几乎耗尽了现金。在 2000 年 4 月，蒂尔设法筹集了一些急需的资金。2002 年年底，该公司上市了，并以 15 亿美元的价格卖给了 eBay。

在出售贝宝后，马斯克虽然可以轻松退休，但他仍不满足，还想要去改变世界，所以他把大部分的净资产投入几个大型项目（megaconcepts）。其中一个是开发电动汽车的特斯拉汽车公司（Tesla Motors）。然而，在 2008 年的金融危机期间，该公司几乎破产，危及了马斯克的财务状况。不过，马斯克还是筹集到足够的资金来拯救这家公司。2010 年 6 月，他让特斯拉汽车公司成功上市。这是自从 20 世纪 50 年代中期福特公司上市以来，美国汽车制造商的第一次公开募股上市。

在建设特斯拉汽车公司的同时，马斯克也在创建 SpaceX 公司。这家公司致力于开发太空运载火箭。他采用创新的工程技术来加快制造过程，并与美国国家航空航天局签订了价值 16 亿美元的合同。2012 年 5 月，SpaceX 公司成功发射了火箭，将货物运送到了国际空间站。其他能做到这一点的只有美国、俄罗斯和中国的政府，而马斯克当时只有 40 岁。

准备失败

可怕的事实是，大多数初创企业失败了，一无所获。在这一现实情况下，令人惊讶的是，居然还有创业者要创办企业。他们肯定有什么问题，对吧？好吧，也许创业者在本质上与我们不同。虽然大多数人规避风险，但创业者都喜欢冒险，并乐在其中。更重要的是，对大多数成功的创业者来说，失败并不是终点，而是通往最终成功道路的另一种学习经历。

甚至扎克伯格也有过失败。你知道吗？ Facebook 曾试图在工作场所推出社交网络，不过那是一场灾难。扎克伯格早期的移动产品也是如此：人们可以使用短消息服务（SMS）来访问 Facebook。但这一移动产品太复杂了，人们需要借助图表才能了解它的功能。接下来的 Beacon 广告产品也完全是个馊主意。Beacon 会向用户的朋友显示其购买的东西，这造成了很多问题；有些人甚至在上面发现了自己的生日和圣诞礼物！ Beacon 非常糟糕，损害了 Facebook 的声誉，但扎克伯格从中吸取了教训，变得更强大了。

成功是一个悖论：如果没有失败过，你就不会成功。没有人是完美的，包括史蒂夫·乔布斯和比尔·盖茨之类的历史上杰出的商业领袖。表 1-2 列出了这方面的几个例子。这些人犯过错，但他们最后仍然登上了成功的顶峰。

表 1-2 创业者失败的例子

人 物	失 败
凯文·斯特罗姆（Kevin Systrom）和迈克·克里格（Michel Krieger）	斯特罗姆和克里格的第一个产品 Burbn 失败了，但他们得到了一些宝贵的经验教训，继续创建了 Instagram
比尔·盖茨和保罗·艾伦（Paul Allen）	盖茨和艾伦的第一个初创企业 Traf-O-Data 没有获得多少关注
史蒂夫·乔布斯	在 20 世纪 80 年代中期，乔布斯被踢出了苹果公司。然后，他创办了皮克斯公司和 NeXT 公司。这两家公司早期时都只能勉强维持，乔布斯几乎破产
沃尔特·迪士尼	迪士尼曾被一家报社解雇，因为他的编辑说他缺乏想象力，也没有好的点子。后来迪士尼创办了几家企业，都破产了

在经历失败时，重要的是从中吸取有益的教训。失败并不好玩儿，但这个过程可能会非常有价值。这让我想起了一个真实的故事。我不想透露创始人或其创建企业的名称。这些细节并不重要，从失败的后果中学到教训才是关键。

让我们回到 1994 年互联网繁荣期开始时。两位创业者简和乔创办了各自的互联网公司，两家公司都发展得很快。对几个实力雄厚的竞争者来说，市场肯定够大，而且在各自的公司上市之前，创始人筹集到了好几轮风险资本。到 20 世纪 90 年代末，简和乔的身价高达几十亿美元。然而，突然间，互联网市场崩溃了，市场估值也是如此，当时简和乔都可能面临破产。为了避免公司倒闭，他们以较低的市场估值筹集资金，并不得不解雇数百名员工，其中许多人还是他们的朋友。这是一次痛苦的经历。然而，接下来发生的事情至关重要。乔认为这是一次失败的经历，他开始规避风险。尽管公司开始再次发展，但他让业务维持缓慢的发展速度。他设法避免所有长期投入，例如，投资新技术或雇用员工。乔最终以 7 亿美元的价格卖掉了他的公司。这确实是一笔很大的交易，但这家公司本来可以更好。

你看，简做的正好相反。她仍然相信自己有巨大的机会，所以她开始积极投资。她雇用了更多的员工，而且为了增加新产品和客户，她甚至进行了几次大规模收购。这是有风险的，但简的公司得到了**迅猛**发展。当乔以 7 亿美元的价格出售他的公司时，简则以近 70 亿美元的价格出售了自己的公司。

总结

像 TechCrunch、VentureBeat 和 PandoDaily 这些博客的内容，以及本书中创业者的一些故事，对有远大抱负的创业者来说，可能有些吓人。如何竞争？如何筹集资金？创意够好吗？如何建立合适的团队？在你不堪重负之前，重要的是深呼吸一下，想想其他伟大的创业者是如何起步的。史蒂夫·乔布斯和史蒂夫·沃兹尼亚克（Steve Wozniak）在车库里创办了苹果公司。马克·扎克伯格在宿舍里创办了 Facebook。那么，是什么使乔布斯、沃兹尼亚克和扎克伯格与众不同呢？答案是这些创始人从小规模开始起步，但倾注了大量精力和激情，并专心致志。他们也没有什么经营企业或创业的经验，而是在创业的过程中明白了很多东西。

所以，要有雄心壮志，但从小规模开始。如本章所述，“大”的是使命，而使命应该始终是企业的驱动力。你也应该满怀激情——几乎为之着迷。你的使命可让你辞去工作吗？如果不是，你可能应该保住你的工作。

在第2章中，我们将更深入地了解创业过程。我们先要看一看如何确保建立坚实的法律基础。

第 2 章

— *Chapter2* —

法律架构

口头协议的价值还不如写着协议内容的那张纸。

——塞缪尔 · 戈德温（Samuel Goldwyn）

如同许多聪明年轻的软件工程师一样，在读大学时，马克·扎克伯格就承接过许多客户的合同工作，这些工作都是短期性的，但为扎克伯格带来了数千美元的收入。事实上，扎克伯格用这笔钱支付了哈佛大学的学费。

然而，扎克伯格并未意识到这些合约的风险。如果他开发的产品或程序与后来Facebook的创办发生冲突，那该怎么办？他会放弃宝贵的知识产权吗？事实证明，扎克伯格在大学期间承接的合同工作是给他自己以及其新公司带来法律问题的真正根源。结果是，扎克伯格犯了一些严重的错误，Facebook为此付出了高昂的代价。直到后来得到了一位资深律师的帮助，扎克伯格和Facebook才摆脱了困境。

本章介绍扎克伯格在创业初期所犯的一些错误和他可以采取的对策。这些策略本来可让Facebook免遭令其声名狼藉的棘手的法律问题。在阅读本章时，你应当从扎克伯克和Facebook所犯的错误中吸取教训。因为对一家新成立的企业而言，没有什么比法律诉讼能更快地击垮它了。这一点，只要看一看 Napster[㊀]就知道了。

获取法律服务

在开始创业时，节省法律费用总是很诱人。为什么有人提供一小时的服务就能够获得几百美元的收入？初创企业所面临的大多数法律问题不是很简单吗？

然而，事实并非如此。在任何商业活动中，法律都具有非常重要的地位，就连最平常的商业交易中的法律细节都可能非常复杂。尽管这一道理广为人知，但在面对法律问题时，许多创业者仍然想自行解决，他们宁愿依靠免费的谷歌搜索，也不想花钱聘请专业的法律人士。他们还设法在线搜索一些合同样本，试图对其进行修改，以满足自己的业务需求。很明显，这种不明智的做法会给初创企业带来很多麻烦，虽然这些法律文件可能已经有所协商，或可能符合管辖地的法律规定，但并不适合他们自己的经营活动。

一些创业者默认需要获取法律建议，会采用诸如 LegalZoom 之类的第三方提供的法律服务。尽管像 LegalZoom 这样的网站能够以划算的价格提供多种服务，但难以充分满足科技型初创企业对知识产权保护等专业化问题的需求。此外，

㊀ Napster 是一项 P2P 的文件分享服务，能够让用户交换使用 MP3 文件。但是，自从它使用拥有版权的音乐时，就陷入了法律纠纷，最终倒闭，并于 2001 年被软件公司 Roxio 收购。——译者注

在线法律服务网站这样命名容易产生误导，因为它们并不提供真正的法律服务。更准确地说，这些网站提供文件文书准备服务，这些服务非常棒，但你不能依靠这些网站来承担企业法律顾问的角色。

毫无疑问，最佳的解决方法就是雇用专攻科技型初创企业的资深律师，采用他们针对各种不可避免的法律挑战所提供的建议。这些律师不仅熟悉创业的各种重要的细节和陷阱，同时也知道初创企业的闲置资金非常有限。因此，在创业初期，他们通常愿意接受以股权形式支付的法律费用。例如，Facebook 就向其第一家法律事务所支付了 1.29% 的股权。

以股权的形式向律师支付费用，不仅可以解决在创业初期就需要支付大量现金的问题，也能有效地让律师的利益与企业的利益趋于一致。换句话说，律师希望看到股权在公司运营中实现增值。因此，这有助于律师向公司提供更好的法律指导，对每个人来说都是双赢。而且，你很可能并不是这个律师的第一位客户，这意味着他很可能已经在科技创业行业中签了多份合同，甚至可能会愿意向潜在的投资者对公司进行重点介绍。

在聘用律师前，务必对候选人进行尽职调查。首先，从同行创业者或 Avvo 等法律服务网站获得候选人的客户名单，与他们取得联系。这样做能够更好地了解律师的能力。以下是其他一些建议：

- 务必就律师费用进行协商，永远不要接受对方第一次开出的价码。这种谈判实际上是意料之中的，甚至是约定俗成的。
- 坚持由合伙人律师为自己提供服务，不要选用初级律师。尽管你将向合伙人律师支付较高的费用，但工作质量会高很多。
- 对可接受的律师费用加以限制。为什么要给律师留下借口开出一个又一个账单呢？
- 记住，律师天生有些保守，往往会关注可能让你和企业陷入法律纠纷的所有情况。因此当律师向你提出法律建议时，你一定要提出诸如“陷入麻烦的概率有多大”和“会带来什么样的后果”之类的问题。如果潜在的后果并不严重，值得去冒险，即便律师对此有质疑，你也应当坚持这个行动方案。商业本就需要承担一定的风险。

现在我们来看看扎克伯克在获取法律咨询方面的经历。扎克伯格承接的编程工作对其本人和 Facebook 肯定是有帮助的，有助于他形成商业头脑和学习技能。但他承接的其中一个项目却使 Facebook 陷入了法律梦魇。2003 年 11 月，双胞胎兄弟卡梅隆 · 文克莱沃斯（Cameron Winklevoss）和泰勒 · 文克莱沃斯（Tayler Winklevoss），以及迪夫亚 · 纳伦德拉（Divya Narendra）与扎克伯格会面，商讨开发一个名叫**哈**

佛连线（HarvardConnection）的网站。该网站旨在举办一些派对并提供夜总会折扣。文克莱沃斯兄弟和纳伦德拉同意让扎克伯格参与其中。当时，四人并没有签订书面协议，但有大量的电子邮件和即时消息表明他们之间达成了某种类型的约定。作为约定的一部分，扎克伯格通过为哈佛连线开发网站获得企业的部分股权。

扎克伯格立即得到了访问哈佛连线服务器的权限。然而，虽然他在一开始表示这个工作很容易完成，但该项目并没有取得什么实质性的进展。扎克伯格声称自己当时忙于学业，却同时向文克莱沃斯兄弟和纳伦德拉保证网站建设在平稳进行中。与此同时，在根本还没有为哈佛连线创建功能码（functional code）的情况下，扎克伯格就注册了 thefacebook.com 这个域名，推出了自己的社交网站，这就是我们后来所熟知的传奇——Facebook。听到这一消息后，文克莱沃斯兄弟和纳伦德拉很快就提起了法律诉讼，宣称扎克伯格窃取了他们关于社交网站的创意（他们最后创建了一个名为 ConnectU 的学院网站）。诉讼最终于 2008 年年初结束，扎克伯格为此支付了约 6500 万美元的和解金。

这一经历具有典型性，付出的代价是高昂的。扎克伯格本可以采取几项简单的预防措施来避免陷入法律纠纷。首先，就网站建设一事在同意与文克莱沃斯兄弟和纳伦德拉进行合作后，他本应坚持签订书面协议，并在签字前由律师进行审查。在成为一家新企业的合伙人时，签订一份文件，说明各个合伙人的权利和责任，是非常必要的。早年承接的项目和之前的工作往往会成为创业者创办新企业时所面临问题的源头。因此，仔细想想你所面临的法律风险，应当签订哪些文件，不应当签订哪些文件。以下是一些建议：

- **保密协议（NDA）**：根据保密协议的条款规定，通常在一个固定的期限内，比如一年或两年，你不能向第三方披露重要信息。协议内容广泛，通常可强制执行。如果你已经签订了保密协议，但又创办了一家与你的雇主或客户类似的企业，那么保密协议就有可能引发问题。即便是没有生效的保密协议，雇主或客户也能够以窃取商业机密为理由提出索赔。一般来说，在创办自己的企业时，使用知识产权信息时要小心谨慎，否则将惹来难以应付的官司。
- **竞业禁止**：根据竞业禁止协议条款的规定，在设定期限内（通常为几年）你不得与雇主或客户进行竞争。好消息是竞业禁止协议在加利福尼亚通常不强制执行，但在其他许多州情况并非如此。这也是很多人选择在加利福尼亚州创办企业的另一个理由。请牢记，如果竞业禁止协议是收购的一部分，你签署了这个协议而不遵守其条款，就要承担责任。毕竟你的付出可能已经得到了回报。
- **雇用作品（work-for-hire）**：通常是承包商协议中的一个条款。雇用作品条款强迫你放弃为完成客户工作所创作的作品或产品的知识产权。如果你在以前给别人做的工作的基础之上继续创办自己的企业，雇用作品条款将会带来大麻烦。因此，如果你想承包一些工作，最好的办法或许是避开你希望创办的企业所在的领域。如果你是一家企业的员工，有可能会被要求签订发明转让协议（invention assignment）。与雇用作品的条款一样，发明转让协议规定你在工作中创造的所有知识产权完全属于雇主，部分企业甚至将此类协议的有效期延长到你离职后的 6 个月到 1 年。但在加利福尼亚州，有一定的回旋余地。如果你在非工作时间创造了一项发明，未使用企业的资源，且与企业的业务无关，那么雇主对该发明不拥有所有权。尽管如此，发明转让协议可能会要求你公开个人的活动情况。

- **招揽禁止（nonsolicitation）**：这类协议要求你不得招揽雇主的客户或供应商。有趣的是，这类协议在加利福尼亚州并不适用。离开雇主创办企业在硅谷是一件很平常的事，换句话说，即便你在加利福尼亚州签订并忽略了招揽禁止协议，你的前任雇主也不得向你提起诉讼。在某些情况下，创业者或许还能获得前雇主的投资，或者与前雇主达成交易或合作协议。虽然如此，你在签订此类协议时仍然需要非常谨慎。
- **股票期权（stock options）**：如果你任职于高科技公司，当选择离职时，务必要了解与你的股票期权权利。

股票期权协议通常允许你有 90 天的时间来行使期权，但这件事你做得越早越好。

考虑创建股份有限公司

你应当在何时创建股份有限公司？对于这个问题并没有什么完美的答案，至少在涉及法律问题时，情况似乎就是这样。以下是考虑创建股份有限公司时常见的触发因素：

- 要雇用员工或承包商。
- 要与潜在的客户沟通。
- 要与潜在的投资者沟通。
- 要寻找 1 ~ 2 名联合创始人。

以上 4 个触发因素都是创建股份有限公司时的重要步骤，通过股份有限公司的名义来完成这些事情也更为简单。如果没有别的事情发生，创建股份有限公司能让你在与潜在的员工或投资者交谈时赢得更多的信用，因为他们知道你在这次创业活动中投入了很多。

以下是创建股份有限公司的一些益处：

- 股份有限公司对雇用非公民或非居民而言非常重要，如果他们任职的公司为股份有限公司，会比较容易获得签证。而且，现在国际人才对于科技型创业企业极其关键。

- 股份有限公司使得发行股票期权变得容易，这对科技型创业企业很重要。
- 股份有限公司提供责任保护，确保投资者和管理者个人不承担任何债务或针对公司的索赔。但是有一点请你必须记住，如果你没有执行股份有限公司的例行公事的话，例如，召开董事会、发布年度报告等，那你就得不到保护了。

如果在早期就将企业设立为股份有限公司，那么在涉及出售的问题时，你或许还能少缴一些税。这是怎么回事呢？假设你出售已经持有 1 年以上的股份，通过出售所得的收益，应缴纳的最高联邦税收是 15%（不包括所在州征收的税费）。如果股份的持有时间少于 1 年，那么你需要按正常税率纳税，即最高 35% 的标准。举例来说，假设你在 2012 年 1 月 1 日注册成立股份有限公司，并于 2012 年 11 月推出产品。随后决定在 2013 年 2 月以 200 万美元的价格出售公司。在这种情况下，你将按 15% 的税率纳税，因为你持有公司的股份已经超过了 12 个月。成立股份有限公司需要花费几千美元，这是事实，而且随着合并事件的进行，还会不断产生费用并需要进行申报。但当涉及创业时，这是明智之举，有可能帮你省下几百万美元的费用。

每个州都有自己的公司法，也有各种不同的公司结构，例如，常规股份有限公司（C-Corp）、有限责任公司（Limited Liability Company, LLC）和小型股份有限公司（S-Corp）等。这些结构之间的差异似乎晦涩难懂，但通常都涉及税收，并要求符合某些正式的业务手续，例如上面谈及的召开董事会议。以有限责任公司为例，它对申报和行政程序的要求最低，因此，需要缴纳的税收也相对较低。或许这就是扎克伯格的共同创办人爱德华多·萨维林（Eduardo Saverin）最初以有限责任公司的形式创建 Facebook 的原因所在。

不幸的是，对在公司中主要负责业务事宜的萨维林来说，这是个错误的决定。如果他当时考虑得够长远的话，或许能够猜到 Facebook 最终将需要从外部筹集资金，这意味着在特拉华州以常规股份有限公司的形式成立 Facebook 是更好的选择。在特拉华州，常规股份有限公司不仅更容易获得融资，还简化了期权计划的制订，使公司能够向员工提供股票薪酬。此外，尤其要提到的，是特拉华州完善的公司法吸引了许多股份公司驻扎于此，该州的法官处理法律事务也更为快速。

虽然有些律师可能会吹毛求疵，但我认为在特拉华州成立常规股份有限公司是科技型初创企业的最佳选择。

在成立常规股份有限公司时需要考虑下列因素：

- 明确公司各合伙人的角色和职责。这又是从 Facebook 所犯的错误中吸取的教训。当时萨维林掌握着有限责任公司的控制权，在与扎克伯格发生争执后，他竟冻结了公司的银行账户。这一不计后果的行为几乎毁了 Facebook，扎克伯格和他的父亲迫不得已自掏 85 000 美元来支撑公司的运营。

- 保持对自有股份的控制。看看发生在克雷格列表（Craigslist）身上的事，你就明白了。2004 年，克雷格列表的一名员工将公司 28.5% 的股份出售给 eBay，这使得克雷格列表陷入了糟糕的境地，因为 eBay 最终推出了自己的分类服务。如果克雷格列表有股份转售的限制性规定，就不会沦落至此。如果克雷格列表享有优先购买权，即在与第三方同等的价格和条款条件下优先购买自有股份的选择权，公司或许能够完全避免这种可怕情形的出现。
- 向公司转让全部知识产权。如果不这样做，那么公司实体将没有什么价值，投资者也不会愿意进行任何投入。再者，如果你与他人共同创业，但没有将全部知识产权让与公司，那么联合创始人很可能带着自己的知识产权去其他地方。扎克伯克在创建 Facebook 时就没有将知识产权让与有限责任公司。结果是，除了银行账户里的一些资金外，有限责任公司这个实体并没有多大价值。

在有需求之前确定如何分配股权

在成立公司时，创始人通常会比较乐观，彼此之间也很友好，这是有原因的。嘿！这是个令人感到激动的时刻，充满了巨大的潜力，但这种共同的兴奋之情会影响你的判断力。你一定要知道，随着时间的推移，你和联合创始人之间必定会出现分歧。以 Facebook 为例，扎克伯格和萨维林在早期就意见不合了。很多时候，这些争执会导致你或者联合创始人离开公司。因此，你需要想一想如何保护自己的利益，这意味着要与联合创始人进行艰苦的谈判。关键问题在于你要确保股权分配方案能够激励团队，但又不能过于慷慨，否则会带来风险，危害创业。

平均分配能够解决这一问题，也不会产生冲突，但有时也不尽然。举例来说，假设某创始人辞去自己的工作，全面致力于创业事业，而另一个创始人仍然忙于自己朝九晚五的工作，只能在下班后或者周末才有时间到公司，那么将股权在创始人之间进行平均分配显然有失公允。或者假设某个创始人给公司带来了已经写好的代码、客户或现金，那么对每位创始人予以同等的回报还有意义吗？或许没有。

关于股权分配的讨论可能令人不悦，甚至引起争论，但有助于看透联合创始人真正的个性。你可能会意识到他们和你并不合拍。至于 Facebook，其股权分配不尽相同，扎克伯格占有公司 65% 的股份，萨维林有 30%，达斯汀·莫斯科维茨（Dustin Moskovitz）则有 5%。达斯汀是后期加入 Facebook 的，但仍被认为是最初的联合创始人之一。

利用创始人股份行权

假设你和其他 3 个创始人共同创业，每个人都非常努力工作，但只有乔治除外。他很少编代码，而在编代码时，通常都会抱怨。乔治实际上已成为创业的累赘。你和其他联合创始人想将他赶出公司，但问题是他还持有公司 25% 的股份。换句话说，他就是搭了其他努力工作的创始人的便车，这不公平，对吧？当然不公平，但对法官而言，这里的公平并不重要。乔治买了股票，作为回报，他拥有 25% 的所有权。事情就这么简单。

但是，有一种方法可以用来应对这种局面，利用创始人股份行权。其中的原理是：假设公司拥有 100 万股股票，你和其他 3 个联合创始人决定每个人持有其中的 25 万股，每股价格为 1 美分，那么每个创始人需支付 2500 美元为公司注资。在公司的股东协议中包含一项行权计划，规定创始人需要至少等待 1 年方可兑现其投资的前 62 500 份股份，或者说获得其所有权，其余股份分 3 年按月兑现。

现在让我们回到你假想的创业公司中来。当然，还是乔治。在第 1 年里，你和联合创始人全力以赴努力工作，而乔治不像其他人那么努力，这一点表现得非常明显。你和联合创始人在成立公司时就进行了前瞻性的思考，并决定使用创始人股份行权对每个创始人的工作进行补偿。与直接给予乔治公司股份相比，这样一来更容易买断他的股份。

在硅谷初创企业中，创始人股份行权是一种常见的商业方案，除了适用于这个世界上的“乔治们”，也适用于大多数的相关各方。事实上，当风投企业向某个企业进行投资时，通常会要求该公司开始实施创始人股份行权。如果创业企业已经准备好了行权方案，那么风投企业不执行该项政策的可能性不大。使用创始人股份行权也向风投企业表明，该企业创始人的思想具有前瞻性。

有时候，在其他创始人决定加入之前，公司的一个或多个联合创始人已经为产品付出了诸多努力，特别是科技型初创企业。鉴于这种特殊情况，最初的创始人可以在公司成立时设置一定比例的行权股份作为早期工作的功劳，这一比例通常为 5%。

控制权的终止和变动

有时候，在无理由的情况下与某一创始人解约时，采用创始人股份行权的公司会采用加速行权计划。在这种情况下，解约的创始人通常会带着自己在公司的全部股份离开。理论上来说，这种方式有一定道理。毕竟如果该创始人在创业公司中未犯明显错误，公司就将其解雇，也不对他为公司付出的时间和精力做出补偿，那么对该创始人而言并不公平。

然而，实际上，判例法对理由的定义相当模糊。这意味着即使存在与某位创始人解约的正当理由，他也能在离开时以理由不正当为名带走公司的大量股份。这似乎很不公平，不是吗？因此，我的建议是，无论如何，也不要使用加速行权计划。如果加速行权对你和联合创始人来说很重要，其实还有更好的办法，那就是部分加速。当公司采用部分加速行权计划时，如果有一个联合创始人被迫离开，在公司会失去多少股份这个问题上，你可以保持更多的控制。例如，你公司的政策可以是，向无理由被解约的创始人行使加速行权计划，但该计划只有 6 个月时间。

加速行权也适用于控制权变动的情况，例如，你的公司将被其他公司收购。如果你和联合创始人认为公司有可能发生控制权的变动，可以将单方触发加速条款纳入股东协议，说明即将发生的事件会触发 100% 股票期权的加速行权。但请谨记，单方触发加速条款会让你很难把公司卖掉，因为允许创始人带着丰厚回报离开公司这一规定会打消潜在买家的念头。

当控制权发生变化时，如果你想为自己谋得利益，但又出于上述理由对单方触发加速条款小心翼翼，也可以选择将下列一项或多项内容写入股东协议：

- **双方触发条款**：必须存在控制权变化和无理由解约的情况（期限通常为 12 个月）才能 100% 行权。
- **折中**：当控制权发生变化时，部分股票会自动行权，剩余部分受双方触发条款的制约。

- **离职**：联合创始人在新公司工作了一段时间，例如，1～2 年后，股票全部行权。

83(b) election 条款

大多数美国人觉得，纳税意味着要填写一堆无聊的文件，还要支付繁重的税费，尤其是对那些不熟悉美国国税局（IRS）的核心原则，并给创始人发放行权股份的初创企业而言，情况更是如此。为了避免税收损失过大，请往下看。

我们继续采用在前面提到的例子（利用创始人股份行权）。假设你的公司已经运营了 1 年的时间，这意味着你已经兑现了 25 万份股中的 62 500 份。然而，由于创业取得了很大进展，公司的股票价值已经上升到每股 1 美元，而不是每股 1 美分的初始价格。因为你和联合创始人的努力工作，美国国税局会对你的收益征税。在这一例子中，你的收益为 62 500 美元（行权股票每股 1 美元）减去开始时支付的 2500 美元投资（也就是所熟知的**成本基础**）即 60 000 美元。更糟糕的是，随着创始人对股票行权，美国国税局会持续对兑现了的股票进行征税。

没错，你需要为股票价值增加带来的收益纳税，即使你基本上不可能出售自己的股份。美国国税局也并不真的关心你是否有现金来缴纳收益税，而是设置了几种纳税方式，指望你最终能够向政府全额缴纳税款。

但是，如果你向美国国税局提交 83(b) election 申请，就可以避开这一团乱了。到底是怎么回事呢？当提交 83(b) election 申请时，就纳税而言，你的股票就好比是在公司初创之时就完全兑现了一样。这样就可以按照首次购买股票时的股值纳税，而不是等到股票完全升值后纳税。因此，在以公司成立时每股 1 美分的价格购买股票后，如果你提交 83(b) election，即便一年后股价涨至每股 1 美元，你也无须缴纳收益税。

利用 83(b) election 条款，你也就可以开始对长期资本收益进行规划了。如果你持有股票的时间超过一年，那么最高税率会达到 15%。换句话说，就是一定要提交 83(b) election 条款申请。记住，必须在购买公司股票后的 30 天内提交 83(b) election 申请，该项规定没有例外。申请非常简单，只需向美国国税局写封信就可以了，但不要忘了要挂号回执，确保其收到了你的文件。公司应当保留 83(b)election 条款的副本，以便附在下一年度的纳税申报单中。

股份支付

公司刚成立时的价值通常很低，创始人可以很容易购买公司的股票。回想一下前面所举的例子，每位创始人只需支付 2500 美元就可获得 25 万份股票，每股价格 1 美分。这种情况很常见。

然而，对年轻的创始人来说，即使是几千美元可能也很难掏出来。由于这个原因，部分创始人会提出让他们用已经写好的计算机代码，甚至商业计划等知识产权进行支付以获得股份。尽管用知识产权代替现金看起来合情合理，但会在将来带来很大的麻烦。不仅知识产权的价值难以评估，而且这种形式会给公司带来负面的税务问题。同时，确保公司能够实际拥有知识产权也并非易事。因此为了让事情简单一点儿，最佳的解决方案还是所有人都提供实际资金。如果创始人对待创业的态度是认真的，他会想办法筹集到几千元钱的。

申请专利

2012 年 3 月，雅虎起诉 Facebook 侵犯其专利权，意图延缓该社交网络的进展，推迟其 IPO。有意思的是，这不是雅虎第一次卷入此类法律实务了。2004 年，谷歌在进行 IPO 期间，雅虎就针对这个超级搜索引擎提起了法律诉讼，制造障碍，并成功获得了谷歌的股票才达成和解。在科技领域中，雅虎并不是在法庭上采取咄咄逼人攻势的唯一“大玩家”。就在写这本书之时，全世界很多大大小小的运营商都卷入了专利战之中。

说来奇怪，当雅虎提起诉讼时，Facebook 在申请专利权上显得有些懒散，实际上，在 8 年运营期间，Facebook 仅申请了 60 项专利。不过，Facebook 没有让雅虎利用诉讼获得市场优势，而是选择利用自身的资源进行反击。Facebook 花费 5.5 亿美元从微软购买专利（此前几周，微软刚刚以 11 亿美元的价格从美国在线（AOL）买来这些专利），与此同时，还向IBM购买了约750项专利（未透露价格）。

在科技领域，专利到底有多重要？重要到大型科技运营商不惜采取收购竞争对手的方式来获取其专利所有权。谷歌花费125亿美元收购摩托罗拉移动控股公司（Motorola Mobility Holdings），似乎就属于这种情况。苹果公司也是如此，2011年，该公司联合其他企业，以财团的形式花费45亿美元获得了北电网络（Nortel Network，已破产）的专利。

没错，初创企业无法进行此类大规模的货币交易，但仍然可以采取一定的办法来保护企业的知识产权，要尽早考虑如何获得创新专利的问题。拥有发明的知识产权有助于减小未来专利侵权诉讼案件带来的风险，还可以在对外筹集资金、出售企业或上市时提高企业的核心价值。

近来，随着美国发明法案的修订，相关法律发生了重大变化。如果你的产品是全球化产品（基于互联网的大多数产品都是全球化的），那么必须在向社会公开所用新技术的细节问题前，提交专利申请。因为这一规定，申请临时专利就很有意义了，让你在申请正式专利前享有1年的宽限期。临时专利的申请不是很困难，申请费用也更低（大约为250美元或者不到250美元）。不过，无论决定申请何种类型的专利，你都需要在申请专利之前向精通知识产权法的律师寻求帮助。这一点很重要，因为知识产权法的复杂程度会让你心烦意乱。

给企业起个有创意的名称、注册商标、保护企业的网页地址

我最喜欢的其中一件 T 恤来自一家名为 Yammer 的公司，该公司为企业提供社会化网络服务（首位投资者是彼得·蒂尔）。我穿上这件仅印有公司标志和名称的 T 恤，不管什么时候，似乎总会有陌生人停下来问我，“Yammer 是什么”。有一次，一位 70 多岁的女士从我旁边路过，她不停地说“Yammer，Yammer，Yammer”。很上口，不是吗？

毫无疑问，Yammer 是一个了不起的企业名称。尽管市场上各种企业名称令人眼花缭乱，但 Yammer 脱颖而出，令人难忘，能够迅速引起人们的关注，使人们想要了解更多。然而，想出这样一个引人注目的名称并非易事。我见过很多平淡无奇又过目即忘的名称，比如 Facebook。Facebook 这一名称不错，但公司原来的名称是 TheFacebook.com，听起来多少有些别扭。尽管一开始有些抵抗，但扎克伯格最终承认“The”不利于品牌的建立。

企业名称至关重要，所以你在考虑创业企业的名称时应多花些时间，多做些思考。此外，确保你能获得企业的网页地址，还包括因任何可能出现的典型拼写错误形成的网页地址。实际上很多网页地址已被占用，你可能得付钱给“网络蟑螂”（指没有计划使用该网站网址，而只是对寻找该网址的买家感兴趣的人）。Facebook 不得不为 Facebook.com 支付了

20 万美元的费用，但我敢说，这笔钱花得很值。

与此同时，你还需要为企业名称提供必要的保护。不然的话，如果在商标纠纷中失败，你可能会被迫改名，那就太悲催了。如果你在提供互联网服务时就开始使用企业名称，该名称就获得了一些权利，也就是所谓的**普通法商标**。这没错，然而这些类型的商标很受限制，你最好在美国专利商标局（USPTO）申请注册一个商标。当专利商标局授予你商标时，你就获得了该名称的推定所有权，并在全国范围内受到保护，同时获得向联邦法院提起诉讼保护商标的权利。

你可以通过两种方式来申请商标：实际使用申请和意向使用申请。许多初创企业选择后者，因为在申请商标时，它们所提供的网络服务通常还未打入市场。记住，你还可以为符号获得商标。例如，Facebook 拥有其标识和“Like”（赞）按钮的商标。

以下是一些如何处理商标的其他提示：

- 申请商标前先搜索一下现有商标，确定是否有别的商标与你的意向商标相冲突。这一过程应当由精通知识产权法的人士完成。
- 商标不能是描述性的。因此，如果你想创建一个医疗社交网络，你没法获得“医疗社交网络”这种商标。
- 商标的强制执行。如果有公司侵犯了商标权，你应当坚持要求该公司停止侵权行为。很多时候，可通过向侵权公司发送勒令停止通知函来实现。多年来，

Facebook 已经好几次用过这种方法了。如果你未能保护或选择不保护商标免受侵权，就可能失去对商标的法律保护。

遵守政府的规定

作为一家社交网络公司，Facebook 需要应对联邦和州政府层级的许多法律法规，涉及隐私、数据保护、内容、未成年人保护和消费者保护等方面。由于 Facebook 是一家全球化的公司，在其他国家也开展业务，因此，还需要遵守这些国家的法律。这些国家的法律时常发生变更，且不同层级的法律法规让问题异常复杂，使 Facebook 难以把握责任风险并在法律约束下开展经营活动。为了改变这一局面，Facebook 组建了一流的法律团队。2008 年 10 月，公司雇用西奥多・尤约特（Theodore Ullyot）担任总顾问。尤约特在加入 Facebook 前是 Kirkland & Ellis 律师事务所的合伙人，同时也是美国司法部的办公厅主任和前总统乔治・沃克・布什（George W. Bush）的副助理，甚至还担任过美国最高法院大法官安东宁・斯卡利亚（Antonin Scalia）的律政书记。Facebook 还邀请董事会重要成员厄斯金・鲍尔斯（Erskine Bowles）来帮助处理公司复杂的法律事务，鲍尔斯在加入 Facebook 前在金融服务业任职，并取得了辉煌的成就，1996～1998 年还曾担任白宫的办公厅主任。

当然，对毫无经验的初创企业而言，在早期发展阶段，雇用如此高层次的人才是不切实际的，但在提供传统互联网或移动服务时，特别是在处理消费者的数据时，留意一些有可能发生的关键监管问题是非常重要的。如果你不遵守法律条文，就有可能承担严重的法律责任。然而，法律的专业性很强，并在不断演化。这就是要雇用经验丰富的律师的原因所在。

举例来说，2011 年年底，Facebook 与联邦贸易委员会就公司公布用户信息侵犯隐私权事宜达成了为期 20 年的和解协议。协议条款包括满足某些现行规定和接受一年两次的独立隐私权审计。我要告诉你的是，这件事不像你想象的那么简单。Facebook 违反规定的原因尚未可知，但足以表明，滥用用户数据必然会产生严重后果。你还应当注意，在平台的基础上构建技术服务时，还需要遵守平台的隐私政策。移动应用程序公司 Path 费尽周折才明白这个道理。戴维 · 莫林（David Morin）早期曾在苹果公司工作，是 Facebook 最早的员工之一，后来创办了 Path。Path 允许用户建立好友人数不超过 150 人的私人社交网络，而该应用程序实际上获得了所有用户的个人信息，例如，电子邮件地址、姓名和电话号码等。莫林所使用的苹果 iOS 平台不允许开发者开发侵犯用户隐私权的应用程序。毋庸置疑，应用程序允许开发者获取用户的通讯录，显然违反苹果公司的隐私政策。

苹果公司 CEO 蒂姆 · 库克（Tim Cook）对此非常气愤，

他把莫林叫到办公室，痛骂了一番。有趣的是，Path 不是唯一违反此项政策的公司，还有一些知名的公司也犯了同样的错误，比如 Yelp，但 Path 成了违反这一政策的“代言人”，被苹果公司作为典型。尽管这些公司继续经营业务，并取得了不错的成绩，但肯定都会更加关注苹果公司的隐私政策了。苹果等平台运营商可以选择禁用任何第三方应用程序，这样会使第三方公司的商业模式瞬间被淘汰。

其他需要考虑的保护措施

需要记住的是，专利和商标仅用于保护特定的知识产权领域。计算机代码通常作为商业机密加以保护。为了使代码符合商业机密的标准，企业必须采取一些措施，例如，与员工、承包商和合作伙伴签署保密协议，让发明转让协议成为一项惯例，同时要建立保护文件安全的流程。

在募集风险资本时，潜在投资者会对所有权问题开展尽职调查（due diligence），如果企业知识产权的所有权不够清晰，那么就有可能得不到所需的资金。

就让 Facebook 在法律方面所犯的过失和错误来给你提个醒吧。这家年轻的初创企业曾卷入无休止的法律诉讼，只是因为扎克伯格忘了考虑公司潜在的法律诉讼，也没有积极主动地制定防范措施，导致公司最终受到了多项指控。如果扎克伯格当年没有聘请精明的律师来减少法律方面的问题，那么我们今天所熟知和喜爱的Facebook也就无从顺利起步了。因此，给你自己和企业帮个忙，在早期就雇用一位精通科技型初创企业法律细节的称职律师，当（不是**如果**，而是**当**）失意受挫的前雇员或竞争对手向你和企业提起第一次诉讼时，你就会明白这条建议的重要性所在。

第 3 章

— *Chapter*3 —

产品

有些人看到现有的东西，他们会问："为什么是这样的？"而我则梦想从来都没有出现过的东西，我会问："为什么不能这样？"

——罗伯特·肯尼迪（Robert Kennedy）

马克 · 扎克伯格是位产品天才，他具有一种天赋：知道用户会喜欢哪种产品。扎克伯格在产品开发方面大获成功的关键，在于他知道自己的产品，即 Facebook，必须和公司开放与共享的使命一致。他有句话很好地描述了其开发产品的方式："我们发现，'社交型'产品比同类传统产品更能让用户参与进来（engagement），我们期望世界上更多产品朝这一方向发展。"[⊖] 对扎克伯格而言，当务之急是创造能促进开放与共享的社交产品。当然，这不一定适合你的企业使命和理念。所以，如何才能开发出符合你的企业使命并能让最终用户心动的产品？在这一章，我们就来看一看哪些因素有助于你做到这一点。

创造力

无论怎么努力，你都不可能通过坐而论道传授创造力。

⊖ Facebook IPO Prospectus, May 17, 2012, www.sec.gov/Archives/edgar/data/1326801/000119312512240111/d287954d424b4.htm.

虽然无数励志书籍和创造力大师想给你兜售其中的要领秘诀，但是创造力是学不来的。仅仅因为聪明，你就认为自己可以掌握创造力，这是错误的观念。创造力和智力没有关系。事实上，纵观历史，一些最具创造力的人，其智商并不突出。

如果渊博的学识或超群的智力不能产生创造力，那么具有创造力天赋的人和其他人有什么差别？有史以来，富有创造力的人，像爱因斯坦、达尔文、莫扎特、达·芬奇和弗洛伊德都给当时的世界带来了崭新的观点。他们具有免受传统规范思维方式束缚的天赋，会用一种很有价值的新方式去分析情况或问题。由于运用创造性方式解决问题，他们得到了一些惊人的发现。我们在第 1 章中介绍的塞缪尔·莫尔斯发明电报的例子就说明了这一点。

扎克伯格是史上具有惊人创造力的人物之一，他能创造性突破的部分原因在于多维性。他从小到大不只看编程方面的书，还酷爱文学名著。一直以来，《奥德赛》（*Odyssey*）都是他最爱的作品之一。其实，他还能看得懂这些文学名著的原文版——法文、希伯来文、拉丁文，甚至古希腊文。此外，在上大学时，扎克伯格不仅学习计算机科学，在主修这一更具技术性思维专业的同时，他还辅修心理学专业。

没错，扎克伯格很喜欢文科。理解并精通文科，这肯定对他在开发产品、解决问题及运营其市场主导型公司时所展现的创造力产生了巨大的影响。这告诉我们：你永远不知道灵感会从何处萌发。史蒂夫·乔布斯读大学时上过书法课。

想过为什么苹果产品会配备这么漂亮的字体吗？现在你知道灵感的源泉了。

抓住时机和运气

假如你已经证明了自己是个有创造力天赋的人，甚至已经产生了富有创造力的想法，你就准备就绪了？遗憾的是，仅有创造力并不足以确保你的产品或企业的成功，你还需要掌握正确的时机。请记住，sixdegrees.com 具备社交网络的所有重要特征，但过早在 1997 年就投入了运营，那时候，对普通用户来说，要充分使用网站功能所必需的技术实在是太贵了。然而，到了 2004 年 Facebook 推出时，形势已经发生了天翻地覆的变化。Facebook 推向市场后能够取得长远发展，这是因为出现了下列重大趋势：

- 价格合理的数码相机的大量出现和使用的增加。
- 宽带的普及。
- 普通用户日益适应互联网，也越来越愿意在网站上公开个人信息。
- 像 MySQL 和 PHP 之类的免费开放源代码软件的出现，使扎克伯格这样的学生得以建立世界级网站。

如果扎克伯格早出生几年，在 20 世纪 90 年代中期读哈佛大学，Facebook 也许就不会诞生。创业者需要对科技发展的方向、用户的需求有良好的判断能力，还要有一点儿运气，然后抓住这两个因素带来的机遇。

保持简洁和专注

尽量简化事情，而不只是更简单。

——阿尔伯特·爱因斯坦（Albert Einstein）

这句话出现在扎克伯格的 Facebook 简介中，这是他产品开发哲学的要诀。然而，聪明的工程师不一定能做到简洁，他们会忍不住创造有一大堆功能的产品，并引以为傲，却不是想帮助终端用户，而只是想从创造新颖有趣的技术中获得乐趣。

类似地，创始人在创建新企业时，不断改变创意，想运用所有最酷最新的技术，这很正常。某天，他关注的可能是移动领域；而第二天，他可能又想增设社交网络部门；然后，又满口游戏化。从某种程度上讲，这种行为也合乎情理，这是对科技领域所有噪声的条件反射。毕竟，如果说科技领域有什么永恒不变的东西，那就是总会有新的时髦术语吧。一直都是这样的，但花一分钟想想当今科技领域所有顶尖公司的一个共同特点，如领英（LinkedIn）、星佳和潘多拉。想不出来？这些公司的创始人始终像激光一样专注于某一类产品，从而创建了 10 亿美元级的企业。

年轻的初创企业需要克制偏离专注点的可怕冲动。若你发现产品开发有偏离轨道的趋势，重新使企业、联合创始人和员工回到专注点的最好方法就是养成这样的习惯：拒绝这里加一点儿那里加一点儿的要求。如果你不能集中于专注点，那么你的产品极有可能会过于复杂，对终端用户没有任何帮助或可用之处。对于一层又一层添加产品功能的不良习惯有个说法：功能蔓延（feature creep）。要避免出现这个问题！

理想情况是，终端用户能即时了解产品的目的，应该让他们能立刻确定产品能解决什么关键问题。Facebook 是怎么处理的呢？哈佛大学的印刷版 facebook 总是过时，扎克伯格对此倍感沮丧，这成了他创建网站的动机。（Facebook 的名称不是扎克伯格自己想出来的，最开始是指大学新生通讯录。）在扎克伯格眼中，为哈佛的学生通讯录建一个网上家园是傻瓜都知道的问题。然而，扎克伯格认识到他的网站不应该只在网上复制哈佛的 facebook。他知道一个绝妙的方法，就是让这个网站成为一个共享的地方。

第一个版本的 Facebook 其实非常简单，扎克伯格只花了几周时间就编写出代码。出来的欢迎页面实际上还只是个很粗略的框架。从某种意义上讲，扎克伯格确实是最早进行精益创业的人之一。埃里克·莱斯（Eric Ries）曾在他的《精益创业》（*The Lean Startup*）（皇冠商业，2011 年）一书中提倡这种创业方式。莱斯认为，成功就是开发出一款最小的可行产品（minimum viable product），将它推出，然后从用户那里收集有价值的反馈信息。他认为，收集完反馈信息之后，改进该产品会更容易，也能在合适的市场上更快地受到欢迎（gain market traction）⊖。

在第一版的 Facebook 个人信息页面上，用户可以添加以下信息：

- 电子邮箱地址、姓名、性别、美国在线即时信息管理。
- 关系状况。
- 课程。
- 一张照片。
- 专业和入学年份。
- 兴趣爱好，如电影和书籍及格言。

最早版本的 Facebook 还可以让你在好友的留言板上公开留言，但这是个很初级的概念，和现在每个 Facebook 用户使用的时间轴相比，完全是小儿科；你还能通过私信联系朋友。这些就是网站的全部功能了。不多，对不对？但这才是关键。扎克伯格关注的事情有且仅有一件：帮学生解决问题。对 Facebook 来说，就是让学生在需要进行小组学习或要约会时共享信息和相互联系。

我们需要面对这一现实：大学是社交体验的黄金时代，社交体验可以通过建立和展示社交地位来进行判断。还有比

⊖ "traction" 是指产品越来越受到市场的欢迎，而 "gain market traction" 直译为获得市场牵引力。——译者注

公开显示有多少好友来表现受欢迎程度更好的方式吗？结果是，Facebook 星火燎原般迅速蔓延。数月后，全美各地的其他大专院校的学生都来请求扎克伯格，让他们在自己校园也能访问这一社交网站。

看一看 Facebook 的首页，就会发现它简洁明了、易懂。虽然公司定期重新设计网站，但这么做不是为了把 Facebook 变得更加时髦，而是变得更简洁。简洁一直是 Facebook 的专注点，事实证明，也是其主要的卖点。在 Facebook 发布之初，它唯一真正的社交网络竞争对手就是聚友网。聚友网的设计原则与 Facebook 完全相反。Facebook 对网站的整体设计和用户的个人信息页面采取了“一刀切”的方式，而聚友网则很繁杂，其用户可以轻松定制自己的个人信息页面，但这样反而给网站造成了一种混乱的感觉。定制个人信息页面成了聚友网吸引年老用户的一块巨大绊脚石，因为他们不想浏览年轻的首批体验者创建的有点儿让人眼花缭乱的页面。

Facebook 简单的界面给终端用户带来了另一个优势：速度。总之，用户都不愿意等待加载网页。缓慢的加载时间很快就会造成网站服务的提前终止，就像友人网一样，由于网站框架（foundation）实在太复杂，导致页面加载速度如蜗牛行步，加载每个网页都要超过一分钟。

从 Facebook 投入运营起，扎克伯格的注意力一直像激光似地专注于简洁。以 Facebook 的照片功能为例，跟竞争对手 Flickr 相比，Facebook 的照片功能看似很劣质：上传的图片分辨率很低，用户不能从网站上打印照片，甚至不能指定第三方打印照片。然而，结果是这些明显的缺陷对终端用户来说并不重要。重要的是网上共享，这也与扎克伯格的使命一致，用户可以在照片中标记出他们的好友。照片标签功能成了 Facebook 的另一个撒手锏，照片功能立刻占领了线上照片共享空间。

明快的设计

虽然基本甚至初级的设计适合 Facebook，但未必适合每家初创企业。无论在什么情况下，产品的用途都决定了产品设计的复杂度、外观和带给人的感受。例如，如果你想开发一个应用程序，让用户能以数字化的方式“试穿”本季度最新时装，你的产品当然要有丰富的多媒体体验，而不只是时尚类的产品需要更强烈的设计体验。以 Fab.com 为例，它将自己标榜为一个“发现每日新设计”的闪购网站。在浏览 Fab.com，搜寻想买的东西时，你会感觉自己置身于一种特殊的体验中。该网站的布局和设计就是有办法吸引你去买东西。

如果你的应用程序的成功取决于和用户快速建立信任感，那么明快的设计也是必要的。如果你的应用程序跟钱有关，那么专业且方便使用的设计甚为重要，以免潜在用户看了一眼，就打定主意，**绝不**会把辛苦赚来的钱托付给这家看似外行的企业。如何表明你的企业值得信任呢？只需看看 Square。

看一眼它的界面，你就知道，这家公司注重简洁、专业、透明和品质。它哪里有不值得信任的方面呢？

提升参与度

要让用户习惯使用你的产品，也就是要有能让用户每天回来的东西，要有一个能让他们聚在一起消磨大把时间的中枢站（central hub）。换句话说，你的产品必须让人参与进来。毫无疑问，提升参与度一直是 Facebook 非常重要的优先事项。例如，Facebook 的动态信息（News Feed）和照片功能是让用户参与进来的关键，也是击退聚友网之类竞争对手的关键。总之，用户花在 Facebook 上的时间越多，他们花在对手社交网站上的时间就越少。

Facebook 不是重视提升参与度的唯一网站。如果你留心一下其他一流的消费者网络产品，就会发现这些产品也都会让用户养成一种习惯。任何使用过 Skype、YouTube、星佳、推特或 Instagram 的人都知道每天在这些网站上耗费一两个小时是多么容易的事。然而，如果用户可以在中枢站获取免费的国际综合信息、娱乐性和信息性的视频、持续更新的国际新闻和个人状态，以及具有视觉吸引力的照片，那他们日复一日（往往是时复一时）地回访就是有道理的，但是某些类型的产品难以让用户参与进来，例如能不能设立一个吸引购车者的网站。典型的消费者每八九年买一辆车，所以他们有什么理由一再回访一个主要帮助用户选购新车的网站呢？更别提每天或者每小时回访了。答案是：不能。购车者只会在需要时（在我们举的例子中，也就是很长时间一次）进入产品网站，因此，这类网站要花大价钱来吸引和留住用户。除非你能提出一个独一无二的商业模式，或者能用极低的成本吸引和留住用户，不然，最好避开难以让用户每天参与进来的产品类型吧。

坚定信念

如果我问人们想要什么，他们肯定会说跑得更快的马。

——亨利·福特

所有杰出的产品开发者都知道，在消费者使用某一款产品之前，他们并不知道自己想要或需要它。然而，要开发一款消费者自己都不知道自己需要的产品可不是件简单的事情！更可怕的是，消费者抵触改变，所以，要说服他们开始使用你的新产品，困难重重。但无论如何，要想大获成功，没有比打造一款让消费者在日常生活中日益喜欢和依赖的产品更关键的事情了。

当扎克伯格首次提出动态信息的想法时，重新设计 Facebook 就显得非常合理了，这样用户在登录网站时就可以随时浏览好友的动态。然而，这个功能推出后，用户一片哗然。他们认为新设计让 Facebook 显得杂乱无章。同时，虽然除了网站上公开的用户信息之外，动态信息没有提供用户的任何其他信息，但用户还是表达了对隐私的担忧。唯一的不同之处，在于在此之前，这些信息需要协同搜索（concerted search）才能获得，现在可以在中枢站上轻易获得。用户当然非常沮丧了，不断上传“我（的隐私）被侵犯了”和“你们把我的生活搞得一塌糊涂”之类的消息。

如果遇到这样的情况，一般的 CEO 会怎么做？可能会打退堂鼓并把新功能砍掉。然而，如果扎克伯格当初撤掉了动态信息功能，Facebook 很可能就不会成为今天这样的传奇。他知道，用户最终会明白动态信息的价值，因为这是 Facebook 使命的核心：增强用户联系及共享的能力。动态信息功能推出几周后，抗议声逐渐平息，动态信息成为 Facebook 不可或缺的一部分。

扎克伯格处理动态信息功能的方式当然存在风险。经典的例子就是掘客（Digg）。掘客创办于 2004 年，是社交媒体的先锋之一，并且很快获得了市场牵引力。一段时间后，掘客拥有了一群忠实的用户，热衷于对每天的头条故事进行排名。然而，在 2010 年，掘客对网站进行了重大改版，情况就变了。和 Facebook 所遭遇的情况一样，用户出离愤怒，转而投向了它的竞争对手如推特。但掘客仍然致力于新版，没有打退堂鼓。最终，这次改版的后果惨不忍睹，掘客的用户群迅速凋零。

那么，为什么在相同情况下，掘客日渐消亡，Facebook

却蓬勃发展呢？掘客的问题在于新版并没有给其核心使命带来什么助益。如果有的话，这个新版多半是为了应对新兴网站，如 Facebook 和推特等。掘客实质是想照搬这些网站的流行功能，即便事实是用户曾群情激昂地表示，他们希望掘客就是掘客，而不是什么其他网站。如果掘客回归原本的轨道，或削减新版中增加的许多冗余功能，灾难或许可以避免。忠实客户群可以忍受失误，但不能忍受彻底改变网站的核心专注点。

加点儿好玩的元素

有些产品过于注重解决问题，而缺少好玩的元素。虽然娱乐功能不能提升产品的可用性，但会提高用户的参与度。以 Facebook 为例，扎克伯格加入了一个特别的功能，就是“戳一下”(poke)，纯粹就是因为好玩。他说：“我们创造‘戳一下’的时候，就是觉得有一个没有特别用途的功能很酷。大家对‘戳一下’的解读都不一样，我们鼓励你们得出自己的理解。”[㊀]

大家确实这么做了！他们出于种种理由使用 Facebook 的“戳一下”功能，为了认识新朋友，挑逗好友，或是用有趣和闹着玩的方式打招呼。不管怎么用、为什么要用，“戳一下”

㊀ Dave Copeland, “Just Try Poking Someone Now,” *The Daily Dot*, September 20, 2011, www.dailydot.com/news/facebook-poke-hidden/.

给 Facebook 增添了一层个性、有趣和亲和的色彩。这些对任何初创企业都是有利的。

高朋网（Groupon）就是另一个例子。该公司利用了有趣元素，特别是幽默感，在数以百计的竞争对手中独树一帜。高朋网每天发电子邮件鼓励用户持续登录网站进行消费，往往是些搞笑的优惠说明，如下面这一骑马的例子。广告文案这样写道："如果没有马，马球衫的商标就会是猴子，保罗·列维尔（Paul Revere）[⊖]也只能开思维车（Segway）了。和现在的高朋一起祝贺我们有蹄子的同行们。"[⊜]看看高朋网每天给用户发的这些优惠说明，才智尽显、得心应手，还花样百出。你应该一点儿也不会意外，在高朋网的员工中，写广告文案的就超过了 400 人，比一些世界品牌组织还多。

打造平台

对科技企业而言，开发一个能成为全球标准的平台相当于找到了圣杯（Holy Grail）。在微软历史早期，IBM 找到了比尔·盖茨（他首先提出**平台**的概念），希望他帮忙做个人电

⊖ 保罗·列维尔，美籍银匠。美国独立战争期间，英军计划发动突袭，列维尔得知后，在夜间骑马通知独立人士，英军即将来袭。——译者注

⊜ Davis Streitfeld, " Funny or Die: Groupon's Fate Hinges on Words, " *The New York Times*, May 28, 2011, www.nytimes.com/2011/05/29/business/29groupon.html?pagewanted=all.

脑（PC）项目。盖茨意识到，如果可以开发出一个能在所有 IBM 兼容机上运行的操作系统，微软就有很大可能拿到世界标准化操作系统的版权。针对这一情况，盖茨开发了微软磁盘操作系统（MS-DOS）。如他所料，这个操作系统大获成功，成了所有个人电脑上捆绑使用的操作系统。事实是，开发一个标准化平台的设想能让盖茨和微软大赚一笔，于是，他把这个设想应用于视窗（Windows）和办公室（Office）套件。因此，哪怕其他企业疯狂打压这些产品线，在计算机运作和软件领域，微软仍占有巨大的市场份额，甚至几十年后依然如此。没有几家科技公司敢宣称可以做到这一点。

和盖茨一样，扎克伯格认识到了开发更重要的东西的关键性，而不只是关注软件程序或网站，这也是他创建 Facebook 并将最终目标定位于将其打造成平台甚至功能（utility）[⊖]的原因。本质上，扎克伯格是想让 Facebook 成为用户所有社交活动的核心。为了实现这一目标，扎克伯格采取了一些重要措施。其一，允许第三方在 Facebook 上创建应用程序，这一决策奠定了 Facebook 现行生态系统的基础，并促成了像星佳之类大公司的诞生。其二，开发 Facebook 互联（Facebook Connect），这样一来，只需要登录 Facebook 社交

⊖ Arjun Sethi（2015 年）提出消费者产品需要经历三个不同的阶段：从“想要”（want）起步，然后变成“需要”（need），直至最后一个阶段，“功能”（utility）。utility 是指该消费者产品开始成为其他产品的特征。——译者注

网站，用户就可以加入其他网站了。

如果你认为自己的企业有成为平台的机会，你就需要采取一些重要措施。投入大量的资源提供支持服务至关重要，这不仅要授予开发者获取代码和模块的权利，还要创建有明确条款和训练方案，并能频繁更新的开发者计划。同时，应该不断安排会议和会面，鼓励新的开发者成员加入这一平台。

创建平台需要做很多工作，所以在启动平台之前，你要做好准备，预先考虑在使用你提供的功能时，开发者可能会遇到的潜在问题和困难。如果你的企业处于早期阶段，可以考虑等到用户群达到临界点并能吸引潜在开发者的注意时再建立和启动平台。想想吧，Facebook 等了三年才开始运行自己的程序。即使等了这么长时间，该平台在早期仍出了许多小差错。

避免回应性产品设计

如果一家企业推出新功能或新产品来抵抗竞争对手的侵占威胁，那这就是在进行回应性产品设计。然而，这种以牙还牙打击竞争对手的方式会损害自己的长远发展。在本章的前面，我们已经讨论过，仅仅为了不落后于竞争对手增加新功能很可能会使用户感到困惑，给他们带来不必要的复杂性，还可能导致偏离企业的使命。

即使是顶尖的企业都可能进行回应性产品设计，其中就包括 Facebook。一般来说，回应性产品设计并不能解决问题。例如，签到应用网站 Foursquare 开始流行时，Facebook 推出了地点功能，但失败了，然后立刻下线了。之后，2011 年 4 月，Facebook 推出了 Deals 团购业务，看起来有点儿像高朋网提供的服务。该服务在五个城市试点，但没有获得多少市场牵引力，最后也取消了。

这不是说经常性尝试增加新功能是错的。要记住，即使 Facebook 的订阅功能跟推特很相似，它也是个很好的创意，并符合扎克伯格的使命。有了订阅功能，用户就可以在动态信息中看到自己的订阅用户公开分享的更新。因此，在考虑增加一项新功能时要保持谨慎，扪心自问一下："我"这么做是因为对用户有益还是因为"我"不想落于人后？如果你不能诚挚地说这项功能将使用户受益，还是省省麻烦，忘了这件事吧。

移动优先

毫无疑问，移动领域是主流趋势，是科技型初创企业的巨大机遇。智能手机的迅速增长促进了移动领域的发展，尤其促进了运行苹果 iOS 系统和谷歌安卓系统的设备的发展。表 3-1 列出了 2011～2016 年移动领域预期增长的几项数据点。正如你所见，这些数字非常惊人。

表 3-1　2011～2016 年移动设备的预期增长

移动领域的趋势	预　测
智能手机发货量	2011 年为 4.94 亿部，2016 年为 11.6 亿部㊀
平板电脑发货量	2012 年为 1.074 亿台，2016 年为 2.221 亿台㊁
移动应用程序下载量	2011 年为 310 亿个，2016 年为 660 亿个㊂
移动领域的娱乐收入	2011 年为 360 亿美元，2016 年为 650 亿美元㊃

资料来源：IDC, Informa Telecoms, and Media, Garner.

智能手机和平板电脑日益成为许多消费者日常生活中不可缺少的一部分，这些设备极易让消费者养成习惯。人们用移动设备看新闻、购物、导航、听歌和玩游戏。你留意过有多少人在走路和开车时仍低头看智能手机吗？

用户越来越频繁地通过移动设备进行社交，所以，用移动设备上 Facebook 的人数迅猛增长也就不足为奇了。截至 2012 年第一季度，每月有超过 5 亿个活跃用户使用 Facebook 的移动产品。

㊀ Jeff Blagdon, " IDC Forecasts 1.16 Billion Smartphones Shipped Annually by 2016," The Verge, March 29, 2012, theverge.com/2012/3/29/2910399/idc-smartphone-computer-tablet-sales-2011.

㊁ Dan Graziano, " IDC Ups Tablet Estimates, Expects Shipments to Reach 222.1 Million by 2016, " BGR, Jun 2 15, 2012, www.bgr.com/2012/06/15/apple-ipad-android-tablet-shipments/.

㊂ Jason Ankeny, " Forecast: Consumers Will Download 66B Mobile Apps Annually by 2016," Fierce Mobile Content, April 5, 2012, www.fiercemobilecontent.com/story/forecast-consumers-will-download-66b-mobile-apps-annually-2016/2012-04-05.

㊃ Jeff Blagdon, " Mobile Entertainment Revenues to Eclipse $65B in 2016," Fierce Mobile Content, March 29, 2012, www.fiercemobilecontent.com/story/forecast-mobile-entertainment-revenues-eclipse-65b-2016/ 2012-06-13.

虽然 Facebook 一直致力于开发移动产品，但到目前来看，进展仍相对缓慢，产品附带的功能太多。为什么 Facebook 仍在这些问题上挣扎？可能是因为 Facebook 的基因就是一家以互联网为基础的公司，关注的是用户的桌面体验。打造一款适用于移动设备的参与界面是一种截然不同的情形，要想在移动领域获得成功，并不只是往移动设备上装一个互联网应用程序那么简单。相反，你必须知道怎么给用户带来一种强烈的移动体验。

因此，Facebook 以 10 亿美元收购 Instagram 也是意料之中的事。Instagram 是一个迅速壮大的移动照片应用程序，已经威胁到了 Facebook 的照片功能，而照片功能是 Facebook 的核心业务。Instagram 是把主要焦点放在移动应用程序开发上的一个例子（也被称作移动优先的企业）。Instagram 认识到简洁对移动领域甚至比其对桌面应用来说更为重要。凯文·斯特罗姆和迈克·克里格（Michel Krieger）在创建 Instagram 时，首先共同考虑了他们当时使用移动照片分享应用程序时存在的所有问题，发现确实存在很多问题。从这里入手，他们想解决能想到的三个最棘手的问题。

（1）移动设备上的照片质量不高。看起来像褪了色似的，很可能是因为光线太弱。大家都希望自己不用成为专业摄影师，也能用手机拍出质量更高的照片。

（2）照片上传过程太长。

（3）通过多功能社交网络，如 Facebook 和推特等，分享照片有困难。

一旦斯特罗姆和克里格缩小了关注范围，并确定了移动照片分享是最紧迫的问题，提出解决方案就容易多了。（非常有趣的是，找出现存结构中的问题，往往比想出解决办法更难！）为了解决第一个问题，即照片的质量问题，他们创造了滤镜，能让照片更好看，就像是 20 世纪 70 年代的怀旧照片。至于第二个问题——上传速度，他们二人创建了 Instagram 应用，因此，用户可以在应用程序处理上传的同时做其他事情，如填写照片标题等。为了改善第三个问题，他们只不过是设法弄懂各种平台，并将这些平台整合到他们的应用程序中。

Instagram 于 2010 年 10 月 6 日推出，一举获得成功。截至当年年底，注册用户数达到了 100 万个。2012 年 4 月，Facebook 在同意买下这家公司时，注册用户人数已经增加到了 3000 万。Instagram 的成功无疑非常惊人。考虑到可供下载的移动应用程序成百上千，对任何一个应用程序来说，要从众多应用程序中脱颖而出都极其困难，这一成功就更为引人注目。

如果你想在移动应用程序领域获得突破，要注意一些最佳实践方法。或许最重要的，就是要进入一个众所周知的能让人形成习惯的应用程序类别，如照片及视频分享或游戏，来套住你的用户，让他们重复使用你的应用程序。说到应用程序类别，如果你的应用程序不能完全归入应用商店的某一类别，不妨进行重新定位。不然，对这一应用程序进行营销就会非常困难。最后，虽然应用程序无须过度简单，但应该专注于一个功能。如果加入了太多页面、太多功能，过于复杂，就很有可能让用户失去兴趣。所以，要让应用程序很容易理解和使用，而这往往意味着要坚持遵循你选择的应用程序开发计划的标准。作为附加奖励，这应该会让你的应用程序更容易通过审批！

拒做隐形初创企业

隐形初创企业是指秘密开发产品的初创企业。尽管隐形初创企业这一概念似乎很不错，对某些类型的业务（例如高端企业网络技术）来说很有效，但对开发消费者互联网和移动应用程序的企业而言，这往往是个不明智的想法。毕竟，获得用户对产品的反馈，在早期非常重要。Instagram 的斯特罗姆把产品的 Beta 测试[⊖]过程称为“酒吧测验”（bar exam），就是去一家酒吧向人们展示你的应用程序。通过观察人们的反应，可以获得一些有关产品的宝贵见解。

事实证明，Beta 测试对 Instagram 来说非常关键。Instagram 的第一个移动应用程序 Burbn，能让用户在不同的地方签到。当他们发现这一应用程序无法获得很大的市场牵引力后，斯特

⊖ Beta 测试是一种验收测试。在软件产品完成了功能测试和系统测试后，在产品发布之前进行软件测试活动，是技术测试的最后一个阶段。通过了验收测试，产品就会进入发布阶段。——译者注

罗姆和克里格开始着手找出原因。在和用户谈过 Burbn 的功能后，他们发现有个共同的主题反复出现在与用户的谈话中：这个应用程序的照片分享功能很受欢迎。斯特罗姆和克里格都是高素质的商业人才，他们决定放弃 Burbn，并专注于将照片分享功能发展为成熟的应用程序。最后，Instagram 诞生了。

本质上，斯特罗姆和克里格进行了转型（pivot），即企业放弃最初产品转向另一类型的产品。不久之前，转型还是失败的代名词，但在当今这一创业成本低得多的时代，企业有可能在产品策略或商业模式上做出激进的改变。其实，投资者甚至开始期待这种改变。Instagram 不是因为成功转型而崛起的唯一企业。表 3-2 列出了可能不为人所知的成功转型的其他一些例子。

表 3-2　企业转型示例

企　业	转　型
高朋网（Groupon）	该网站原名 ThePoint，创建目的是帮助组织募捐活动。该网站彻底失败了，但其创始人安德鲁·梅森（Andrew Mason）发现该平台可以彻底改变团购业务
OMGPOP	该网站开始是个名为 Iminlikewithyou 的约会网站。（糟糕的名称，对吧？）然后该公司专注于游戏，并创建了“我画你猜”（Draw Something）。星佳花了 1.8 亿美元买下该公司
Fab.com	最初是个男同性恋交友网站，其流量少到几乎没有，于是创始人将其转型成了衣服和家具用品的闪购网站

请记住，转型后，在开发能打动用户的产品时，将大量的注意力放在你的产品上很重要。不断转型很有可能仍在原

地打转，而投资者却已远走他方了。

回归现实世界

科技创业者很容易成为虚拟世界的奴隶，但这样做会限制事业的发展。嘿！人们也喜欢在现实世界找乐子。看看那些在迪士尼乐园获得了无数乐趣的孩子（和大人），或者去纳帕（Napa）品一杯红酒怎么样？又或者去南极洲（Antarcica）度个假？

在对新的业务概念进行头脑风暴时，别忘了考虑现实世界。同时融合了虚拟元素和真实世界的企业已经在市场中获得了牵引力。以 Birchbox 为例，其创始人凯蒂亚·比彻姆（Katia Beauchamp）和海莉·巴纳（Hayley Barna）在哈佛大学商学院就读时有了创业灵感。她们希望能有办法选择使用各种极好的美容产品，但因为工作和课业繁重，所以没时间自己去找产品供应商。Birchbox 解决了这一问题。每个月缴纳 10 美元，会员就会收到一个盒子，里面装满了根据他们预选兴趣择出的美容产品小样。总之，Birchbox 给会员和提供小样的美容公司带来了绝妙的体验。该公司发展得非常迅速。一开始，化妆品公司发现很难利用互联网科技对产品进行营销，因为对消费者来说，在购买前看到、闻到并使用产品很重要。Birchbox 解决了这一问题。

在本章中，我们已经了解到产品开发的成功与否取决于能否为客户解决一两个大问题。你怎么才能做到这一点？想一想困扰你个人的一些问题，然后着手为他人解决这些问题。但花太多时间构建解决方案不是好事情（了解这一点很重要），真正重要的是将产品迅速打入市场，这样才能从早期使用者身上获得有价值的反馈。在某种程度上，好产品永远无法完美，而是会一直改进。在下一章中，我们将谈论一个热门话题——筹资。即使产品推出了，你仍需外部资金确保持续经营。

第 4 章

— *Chapter4* —

筹集资金

穷困是所有罪恶之源。

——马克 · 吐温（Mark Twain）

在市场上，速度至关重要。外部融资可以帮助新企业更快地发展，而仅靠自身的收益进行产品开发是无法快速发展的。毋庸置疑的是，接受外部资金意味着必须放弃公司的部分股权。但随着时间的推移，牺牲一部分股权换来了公司站稳脚跟步入经营正轨，早期的股权出让之痛就会消减。如果你最终创立了一家有价值的公司，那么最初的股权稀释就是明智之举。即便再富有的创业者也需要经常筹集资金。衡量你所创建的企业是否有价值，就是找到某个愿意资助的人，难道还有更好的方法吗？

如第 2 章所述，马克·扎克伯格为了让 Facebook 获得种子资金进行最初尝试时，有过一些重大失误。最初的投资者爱德华多·萨维林最终冻结了公司的银行账户！然而，扎克伯格从中吸取教训，后来尽其所能从私人投资者那里筹集了 20 亿美元的资金。事实证明，此举对 Facebook 的成功至关重要。那么，如何才能获得种子资金？仅仅是打电话给一个有钱的朋友，提出让他注入资金？本章将介绍你可能想要结识的几种不同类型的投资者和融资周期，并为融资时机提供几点有用的建议。

小本起步

在过去短短的几年里，创办企业所需的成本已经大幅缩减，至少在互联网和移动应用程序领域的企业是这样。毕竟，有了云服务，如亚马逊网络服务系统（Amazon Web Services），多数移动和互联网产品的制作（host）、发布和分销既简单又便宜，还可以免去自行分销（self-distribution）的烦劳和潜在费用。你可以轻松地从小存储量和带宽做起，随着业务增长，有需求时再购买额外的资源。这种“即付即用”模式正是云计算的特点，让刚起步的创业者的生活轻松多了。

这样一来，在大多数情况下，科技型初创企业的“成本”就是团队编写产品代码所花费的时间。付现费用（out-of-pocket expenses）很有可能在 25 000 美元以下，其中大部分用于支付企业的法律费用。这一情形与 20 世纪 90 年代互联网企业大繁荣时期形成了鲜明对比。那时企业仅仅购置重要的基础技术设施，例如 Oracle 数据库、服务器许可和硬件设备，就要花 500 万～1000 万美元。所有事实都说明，尽管你认为可能需要花费数百万美元才能顺利推动产品的研发上市，但真正需要的资金很可能比预期少得多。

如果产品发展态势迅猛，那么就能更好地吸引投资者的兴趣，而这些人的资金注入将有助于把企业规模做大，也就意味着加快增长率，同时应该对所达成的所有融资交易有更好的估值。在产品开发的早期阶段，先不要考虑编写执行总结或商业计划书来吸引投资者，而是专注于速度和能解决客户问题的关键性能的开发。在许多情况下，成功是在解决某个具体问题的过程中自然产生的副产品。如第 3 章所述，扎克伯格创立 Facebook 的初衷是想用更好的方式与学校里的朋友联系，结果让他喜出望外。

了解现有的几类投资者

假如你的产品在市场上获得了牵引力，那么是时候开始物色投资者了。要记住，你可以接触的投资者有很多种类型，每一类都专攻新企业融资周期的特定阶段。请阅读下面的内容了解其主要作用。

天使投资者与超级天使投资者

天使投资者是指用个人资金向初创企业投资的投资者。在多数情况下，天使投资者为富有人士，满足美国证券交易委员会（SEC）对合格投资者（accredited investors）的要求。此外，许多天使投资者已创立了自己的企业或担任企业高管。因此，作为一项额外福利，他们常常为创业活动带来极其宝贵的商业经验。假如你遇到的天使投资者希望通过法律结构（legal structure），如以信托或有限责任公司（LLC）的形式向公司投入资金，也无须感到担忧。他们之所以利用这些结构形式，原因是这么做可以降低赋税并提供责任保护，而非试图对你进行欺诈。

你也可能会寻求所谓的**超级天使投资者**或知名创业家的投资。他们对创业社群有巨大的影响力，在初创阶段会进行连续投资。我也不是没有听说过，超级天使投资者投入高达100万美元作为创业的种子资金。在很多情况下，超级天使投资者往往会创立小型创业投资基金会，代表其他天使投资者进行投资，例如杰夫·克拉维尔（Jeff Clavier）的SofTechVC和克里斯·萨卡（Chris Sacca）的Lowercase Capital。

风险投资者

尽管风险投资是一个相当新的行业，但其根源可追溯至20世纪40年代。早在20世纪70年代末期，风险投资者为美国基因工程技术公司（Genentech）和苹果公司这类异军突起的企业提供资金时，风险投资就开始迅猛发展了（切记，风险投资者是个宽泛的术语，既可以指企业，也可以指合伙人）。正是在这一时期，当今风险投资领域最具代表性的公司开始起步，如美国凯鹏华盈风险投资公司（Kleiner Perkins）和红杉资本（Sequoia）。

风投经营者大多将办公地点设立在加利福尼亚州门洛帕克市（Menlo Park）的沙山路（Sand Hill Road）。那儿至今仍是风投中心，原因在于，沙山路不仅贯穿280号州际公路，且临近斯坦福大学，给创业新手带来了便利。280号州际公路连接了圣何塞市与旧金山。另外，由于众多企业聚集在这一小块区域内，向风险投资者做推介相对更容易、更廉价且出行便利。在这里，创业者一天就可轻松地向4～5个风险投资者进行推介。

不同于天使投资者和超级天使投资者，风险投资者代表投资者进行投资。这些投资者就是我们所熟知的**有限责任合伙人**（limited partners），包括机构投资者在内，如捐赠基金、保险公司和退休基金，以及富有的个体投资者（这些个体投资者以前通常是创业者）。从这个方面来说，风险投资者本质上是资金管理者；而且每家风投企业都会有几个合伙人寻求投资机会，进行结构化投资，并提供后续资金。

风投企业每几年就会邀请几位企业投资者合伙设立大型基金，对一批初创企业进行投资。风投企业设立的每只基金持续的时间是 10～12 年，理想状态下，这一时间刚好够风投企业卖掉其投资组合下企业的所有股权。但由于现在企业上市要花很长时间，越来越多的风险投资者延长了基金的生命周期。上市时间越来越长，部分原因在于，创始人想对投资的公司保留更多的控制权，也因为成功进行 IPO 需要高额费用。

风险基金合伙人以两种方式获取收益。第一种是管理费，根据基金资产的规模收取 1.5%～2.5% 的管理费，按年支付，直到基金关闭。多数情况下，这笔管理费会用于合伙人的管理费用开销。然而，如果是大型基金的话，比如说，10 亿美元或更大的基金，管理费会成为合伙人的丰厚薪酬。

风险基金合伙人获取薪酬的第二种方式是附带权益（carried interest），即常说的“carry”，其数额一般为基金利润的 20%～25%，以绩效激励的方式支付。同样地，任职于大型基金的合伙人可以从附带权益中收取大笔费用。例如，假设一只风险投资基金获利 10 亿美元，那么基金合伙人将分到 2 亿～2.5 亿美元。这就解释了为何许多风险投资者可以开豪车，拥有多套房产。

但是，风险投资游戏是残酷的，并不一定能迅速获取大量钱财。由于风险投资的大部分投资会付诸东流，**风投企业需要投资那些最终能够成为行业核心企业**的初创企业，比如 Facebook。这么做的目的是，让风险投资组合中的巨大盈利项目能充分补偿亏损项目。但不幸的是，情况并非总是如此。虽然近些年顶级风投企业的收益已然不俗，但从 2000 年以来，大多数风投企业发布的盈利状况并不理想，结果是多年一直在运营的风投企业数量大减。

战略投资者

尽管创新至关重要，但随着企业发展壮大，创新会更为困难。为了获得新技术或市场方面的宝贵洞见，知名大企业常常会向初创企业投资，而不是雇用首席创新官或进行内部创新，这就是众所周知的**战略投资**。战略投资甚至可以抑制竞争。例如，微软投资 Facebook 的关键原因在于阻止谷歌持有 Facebook 的股份，而且微软起草的投资文件明令禁止 Facebook 从谷歌这一搜索引擎巨头那里融资。不过，在投资 Facebook 时，微软还获得了其他重大收益。作为交易的部分内容，Facebook 给微软开了绿灯，允许微软在其美国境外网页上投放横幅广告，而微软与这家年轻的初创企业分割营业收入。同时，微软也借机了解到社交网络的微妙之处。结果显示，这是笔非常成功的投资。

那么，为什么初创企业应该向战略投资者融资？其中一个原因是，战略投资者通常会直截了当地同初创企业进行估值谈判。因为，一般情况下，他们寻求的是企业间的协同效应，而非投资带来的大量金钱回报。另一个原因是，战略投资也体现了对新企业的信心确认和表决，能够帮助初创企业吸引新客户。最后一个原因是，初创企业可以充分利用战略投资者的基础设施和分销渠道，可能为企业扩大曝光度，获得更多的增长机遇。对初创企业来说，为了从交易中获得最大价值，在与战略投资者达成协议时，确定具体的可交付成果是很重要的。换句话说，就是要明确战略投资者可以提供的好处，如在介绍或推广上的帮助。

毋庸置疑，战略投资也有弊端，其中最明显的就是需要应付企业中的官僚主义。从战略投资者那里获得大量反馈或牵引力可能会很慢，因此，尽量不要给战略投资者董事会席位或重大决策的否决权。同样应该注意的是，避免同战略投资者达成独家合作关系，因为这种合作关系最后会限制企业的增长潜力。

风险借贷者

发行过多股票和稀释手中股权，最后都有可能失手将企业断送。为避免这些风险，许多初创企业寻求债务融资，其中就包括借款。对初创企业来说，债务融资似乎是一种奇怪的融资策略，但确实是种可行的选择方案，这都要归功于创业融资在近期的发展。

在过去十几年里，涌现了各种顶尖的风险借贷者。他们给初创企业提供营运资本，帮助购置设备或是满足其短期需求。如果你认为只有处于绝境中垂死挣扎的企业才会寻求风险借贷者，那么请再想一下。就在 2009 年，当时 Facebook 已经建立起自己的信誉和价值，竟然还向风险借贷者，如西得州中级原油集团（WTI）和 TriplePoint Capital 借款。

在与初创企业签署债务融资协议之前，风险借贷者会规定贷款期限，通常为 2～4 年。然后，作为自愿提供营运资本的回报，风险借贷者会获得具有竞争力的贷款利率——5%～7%。但作为贷款条件，风险借贷者也想获得初创企业的一些股权。于是，初创企业通过认股权证向风险借贷者发行事先商定好的一定数量的股票。这项认股权证同股票期权相似，赋予了投资者可在长达 10 年的时间里以固定价格购买股票的权利。认股权证的价值通常为风险借贷者提供的全部融资总额的一定百分比。例如，如果一家公司向风险借贷者借款 100 万美元，认股权证比率为 10%，那么认股权证允许借贷者购买 10 万美元普通股。大多数情况下，风险借贷者仅向那些有风险投资支持的初创企业提供债务融资，因为这么做可以在一定程度上降低贷款风险。

后期投资者

私募股权基金、对冲基金和互惠基金有时会向他们认为有前途的初创企业提供后期资金。通过投资更为成熟的企业，后期投资者有机会从中获得高额收益，同时大大降低风险。这是因为，能够生存至后期的初创企业大都实现了惊人的销售业绩，并在市场上确立了自己的价值。另外，对正在寻求后期资金的企业来说，后期资金通常能带来二次出售（secondary sales），允许现有股东（不论是投资者还是员工）向后期投资者出售部分股份。同样，这也是一种既能向初创企业注入流动资产又不必提交IPO申请的方法。IPO不但花费颇多，而且可能干扰初创企业的运营。

经营DST公司（Digital Sky Technology）的尤里·米尔纳（Yuri Milner）是后期投资方面的首批创新者之一，也是出乎意料的一位创新者。出生于俄罗斯的米尔纳，在沃顿商学院（Wharton）深造后，回国买下了一家通心粉工厂。这家工厂后来成长为一个巨型现金牛业务。2001年互联网泡沫破灭时，米尔纳以1亿美元收购了电子邮件服务公司Mail.ru，并在短短几年里就将其打造为俄罗斯第二大互联网公司。有了充裕的资金后，米尔纳联系Facebook，提出想要买一些该公司股票的想法。他的时机选择非常完美。在与Facebook联系时，世界经济仍处在2008年金融危机的剧痛中，这使他的提议对Facebook非常有吸引力。Facebook最终同意了这次交易。DST向这个社交网络巨头投资了2亿美元，同时对这笔投资采取“不干涉”的原则。从某种意义上来说，DST 对 Facebook 的后期投资几乎是一次 IPO。因为这笔投资并未赋予 DST 对 Facebook 的最终控制权。自此以后，米尔纳还向其他知名企业做了后期投资，如推特、Spotify、星佳、高朋网和爱彼迎等。

后期基金已成为初创企业发展过程中的组成部分。这些投资可以让企业创始人推迟申请 IPO，也为早期的投资者和员工提供了流动资产。后期基金为企业加快成长提供了大量资源，有助于企业在新市场中占据主导地位。然而，想要吸引后期投资者的兴趣并不那么容易。一家企业必须有成为行业核心企业的潜力，拥有全球性品牌和巨大的进入壁垒，如企业的客户群、技术和分销等方面的壁垒，后期投资者才会多看一眼。不过，好的一面的是，这些特征在市场上非常明显，后期投资者也经常会向有价值的企业了解投资事宜。

了解投资阶段

一般来说，初创企业会经历四轮不同类型的融资：种子轮、天使轮、风险投资和 IPO。下面我们来详细分析一下每一轮融资。

种子轮融资

种子轮融资一般为企业的首轮融资活动，涉及资金很少，大概在 1000～100 000 美元。在这一轮融资中，初创企业的联合创始人得以测试尚在假设中的产品。这项测试通常要求创建一个 β（Beta）版产品，看看产品能否获得潜在投资者的牵引力。潜在投资者可以是企业的创始人、好友、家人或者天使投资者。使用创始人的个人信用卡是获取种子轮融资较受欢迎的渠道之一，Facebook 正是用这个方法熬过了创业的第一年。但是也可以通过创造性方法争取投资，例如 Box 的创始人向公司提供的 2 万美元是靠玩在线扑克挣来的！

一般情况下，对大部分初创企业来说，种子期是一个棘手的阶段。创始人陷入企业发展的种子轮融资阶段中，很少考虑法律事务和业务形式，也可能由于缺乏交流而产生问题。Facebook 也遇到过这些典型问题。与许多第一次创业的人一样，首次推出 Facebook 时，在处理业务和法律事务上，扎克伯格毫无经验。但这并不是你也这么做的借口。构建坚实的业务和法律知识基础，不会花费太多的工夫。我们在第 2 章谈到过，可以采取一些法律行为帮助企业迈向成功，比如在特拉华州注册一家常规股份有限公司，保护你的知识产权，提交 83(b) election 申请。可以肯定的是，打理企业创建过程中的业务和法律细节很无趣，而且会稍微拖慢进度，但这些付出最终是值得的。

天使轮融资

与种子轮融资相比，天使轮融资涉及的投资数额通常更大，额度在 10 万～100 万美元。以 Facebook 为例，扎克伯格在首轮天使融资中筹集到 60 万美元资金，其中包括来自彼得·蒂尔的 50 万美元，以及里德·霍夫曼（Reid Hoffman）与马克·平卡斯各自投入的 4 万美元，其余 2 万美元则是通过一些个人捐助的方式筹集而来。

那么，该如何寻找天使投资者呢？这个过程工作量巨大，绝非易事，因此接下来的部分将提供几个有用的策略，帮助你更容易找到天使投资者。

天使投资者网络

天使投资者网络是由天使投资者组成的团体，成员来自各个地方，人数为 20～100 人。他们大约每月见一次面，商讨投资新的初创企业。当天使投资者网络决定与一家初创企业达成协议时，投入金额可能会很大——比如，超过 100 万美元。

在美国的许多大城市有一些知名的天使投资团体，他们通常会在网站上详细说明自己挑选初创企业进行投资的过程。不过，要想天使投资者网络了解你的企业，通常需要向天使投资者网络的成员做自我介绍，或到网上提交执行总结以供审阅。如果交易满足他们的基本要求，你就会受邀做演讲，当然，来听的人可能很少。有些天使投资者网络会要求你在做演讲前向他们交一笔费用，我会避开有这类要求的天使投资者网络。毕竟，最好的投资者想要的是找到早期投资机会，而非从囊中羞涩的创业者那里获敛额外收入。

假如演讲顺利，天使团队的一位成员会担当“交易支持者”（champion of the deal），引领你完成天使轮融资的其余环节——帮助你锁定其他潜在投资者，改进向投资者所做的推介。再者，交易支持者也会对创业项目进行尽职的背景调查，审查知识产权。天使投资者网络最终会起草一份投资条款清单，这份清单与在风险投资轮融资所使用的相似，都包含一份项目列表，其中列出了你和天使团队达成的业务协议条款和条件。如果想详细了解投资条款清单，请参阅第 6 章。

AngelList.com

AngelList.com 已然成为一家为初创企业和天使投资者牵线搭桥的重要门户网站，其成员包括里德·霍夫曼、弗雷德·威尔逊（Fred Wilson）、布拉德·菲尔德（Brad Feld）、戴夫·莫林（Dave Morin）、克里斯·萨卡以及马克·安德森（Marc Andreessen）这类重量级创业家。加入 AngelList 后，该网站会要求你建立一份企业资料，包括对企业基本信息的详细说明，解释加入这个网站的原因，并列出企业的核心团队成员。网站还会要求你提供一位“推荐人”，理想情况下，这个人是位愿意为你的企业提供信用的知名创业家或天使投资者。如果可能的话，他还有可能为你的创业提供资金。如果你提供的推荐人不愿意投资你的企业，那么当该网站的其他天使投资者问起时，你最好做好准备。当然，应当确保推荐人知道你把他的名字列在了网站上！

结束全部注册过程后，天使投资者就可以关注你的企业，并对你的业务及其进展做出评论（这对你非常有帮助）。基于这一原因，上传一份绝对可靠的执行总结和投资者简报（deck）（也就是幻灯片演讲）到企业资料中是很重要的。而且，你应该好好利用你的团队开发出来的所有可视化的附带资料，如屏幕截图或视频演示，因为这些东西都可以抓住潜在投资者的注意力。另外，还必须说明要筹集资金的具体数额和企业的估值。提及要向投资者发行什么类型的证券获得他们的投资，如可转换债务或普通股，这对你当然没坏处。

为了企业能有个良好的开端，先联系你已经认识的天使投资者对你是有帮助的，请他们将你引荐给网站上的其他投资者。投资者引荐应该马上进行，但要保证自己能尽快对投资者的意向做出回应，否则潜在投资者心灰意冷，对你的创业项目失去兴趣，这是很容易发生的事情。通常情况下，创始人会询问潜在投资者是否想要安排一次在线视频会谈，这是一种具有时效性和影响力的方式，有助于会见有意向的投资者，继续为企业发展营造声势。就算通过网站联络天使投资者没有给企业带来投资，但如果这位天使投资者能为企业提供宝贵的建议，你也会发现之前的引荐很有帮助。

传统关系网络

需要郑重说明的是，如果你想从天使投资者或者风险投资者那里筹集资金，就此而言，你需要与他们比邻而居，迁居硅谷或纽约城（New York City）甚至是洛杉矶（Los Angeles）。所有这些地方都有技术生态系统，而且到处是深谙初创企业运作方式的天使投资者，更重要的是，他们有资金支持你的业务。多去这些投资者经常光顾的餐厅和酒吧转转，但是如果希望在更可靠的环境中见到潜在的天使投资者，你还可以去参加投资者会议和技术研讨会，因为这类聚会是投资者最喜欢出没的场合。经过一段时间，你就能认识天使投资领域中的一些重要人物了。

传统关系网络的另一个好处是，有可能找到有初创企业融资切身经历的顾问。扎克伯格的融资顾问肖恩·帕克（Sean Parker）是名创业家，20 多岁时就在硅谷建立了强大的人脉，也正是他利用这些必要的人脉促成了 Facebook 的天使轮融资。最后一点，如果你是真想创建自己的企业，可以先在诸如 Facebook 或谷歌这样的热门新创企业或顶尖科技公司工作，以获得大量的经验和人脉。如果你选择了这条路，可能不仅要认识投资者，还要与合适的联合创始人和工程师建立深厚的关系。以本·希尔伯曼（Ben Silbermann）为例。希尔伯曼先在谷歌担任产品经理，后来于 2010 年与他人共同创建了 Pinterest。现在该网站是美国第三大社交网络。

创业加速器

虽然与天使投资团体相似，但创业加速器往往对能为自己支持的初创企业提供办公空间引以为豪。创业加速器往往可以为新创企业持续提供建议和指导，更不用说极其重要的种子轮融资了。现在的一些顶级初创企业加速器包括 Y Combinator 和 TechStars，提供的种子资金通常从 5 万美元到 20 万美元不等。这笔资金足以让一个小团队对创业概念进行验证，并确定其概念是否具有相当的前景获得风险投资。一些得到创业加速器认可和资助的知名新创企业有 Instagram、Dropbox 和爱彼迎。

众筹

众筹是利用公共网站向大众进行创业筹资。在 2012 年年初《初创企业促进法案》(简称《乔布斯法案》，JOBS Act) 通过以前，通过众筹进行创业股权融资是违法的。现在该法案已成为正式法律，这样一来，初创企业就可以用以下三种模式提供运营资金。

- **P2P 借贷**：如果信用评分良好，P2P 借贷网站将帮助你从众多借贷者那里借款，每位借贷者可为你的创业贡献 100 美元左右。虽然 P2P 信贷实际上是一种成熟的众筹方式，但大多数网站允许你借款的最大数额通常为 2.5 万美元左右。

- **捐赠**：有了捐赠式众筹网站，人们可以为你的项目捐赠少量资金，以换取小额福利，例如，名字出现在你制作的电影的字幕里，或领取一件 T 恤。Kickstarter 就是一个知名的捐赠式众筹网站。
- **预购和股权**：当采用预购模式进行创业筹资时，出资人可以通过早期的投资免费换取产品。虽然预购模式最初是销售实物产品的企业经常采用的，如很酷的鞋子或最新款式的移动设备，但《乔布斯法案》使企业通过发行股票来换取出资人的投资成为可能。同时，每年总共投资数额限制在 100 万美元。举例来说，如果你已经从几个朋友那里为创业筹集了 20 万美元的资金，那么在这种情况下，《乔布斯法案》只允许你从众筹网络平台再另外募集 80 万美元。

自从《乔布斯法案》实施以来，众筹网站就如雨后春笋般涌现，其主要目的是帮助企业收集筹资必需的文件，找到潜在的投资者。为获得这些网站的服务，企业需向网站缴纳一笔费用，数额一般是筹集资金总额的某个百分比。由于该行业还处于早期阶段，网站的收费水平还没有明确的标准。不过，有些网站可能会从筹资总额中大致提取至少 10％的费用。

根据《乔布斯法案》的规定，每年投资少于 10 万美元的投资者进行众筹投资的数额，每年不可以超过 2000 美元，也可以是年收入或年净值的5%。对于超过这一门槛的投资者来说，限额是每年最多10万美元，亦可是他们年收入或年净值的10%。而筹资者这一边，如果一家企业通过众筹获得的资金不到10万美元，那么其CEO必须要证明企业的所得税申报表和财务报表是真实且完整的。假如企业通过众筹募集10万～50万美元的资金，须有一家注册会计师事务所对其财务状况进行担保。筹集资金超过50万美元的话，则要对企业进行正式审计。

需要警惕的是，许多众筹运营商不仅规模小，而且不一定是合法的机构。当涉及让别的机构处理投资者的资金时，总是存在欺诈的诱惑，所以在使用众筹网站之前，务必查看网站负责人的背景资料。如果有迹象表明负责人有不光彩的记录，就不要使用这家网站的服务。任何时候都要重点关注那些拥有经纪商—交易商执照的众筹网络平台，因为这表明它们可以合法向公众出售证券。

即使你找到了声誉良好的网站，我依然要提醒你，用众筹来寻求初创企业的早期资金并不是很好。很有趣的是，前期接受众筹资金可能会使企业以后更难从风险投资者那里获取后续投资。理由是什么呢？当你为创业众筹资金时，大量个人投资者就可以在早期获得公司的股票，而一般情况下，风险投资者不愿意带着这个包袱进行交易，因为有许多小投资者，这意味着如果他们聚集起来，就会导致一连串管理问题。即使有风险投资者愿意进行这种交易，他们也会尝试买断那些众筹平台上的小投资者。但就是这样，对风险投资者来说，这一过程最后也可能是很麻烦的。此外，当你通过众筹获得新的投资者时，他们可以合法地要求你对公司进展情况进行一定程度的持续性披露，尽管这种要求实际上在多数私人融资环节中并不是典型的。

艰难任务

人们常说管理天使投资者和驯养猫一样困难。这个说法一直存在，因为这句话是对的。同大量天使投资者打交道是很困难的，因为他们自视甚高，有些投资者还很容易分心。因此，我建议你尽可能地将企业的天使投资者数量限制在 5 个之内。一旦超过这个数量，你也许就会发现，要进行一轮融资困难重重。

免费股权

等一下，免费股权？听起来很疯狂，不是吗？为什么创业者会给没有支付任何费用的人发行股票呢？实际上，这种情况是很常见的。当创业者请来顾问后，会用公司的股票作为支付手段，以换取他们的专业知识。这些顾问当然一定是像肖恩 · 帕克一样极具价值的人。肖恩 · 帕克在 Facebook 的首轮融资中担任了扎克伯格的顾问。毋庸置疑的是，帕克值得这份股权（顺便说一句，这份股权让帕克成为亿万富豪）。然而，创业者还是需要多加警惕。有很多顾问可能会极力夸大他们的个人能力，甚至可能会在个人背景方面撒谎，所以，在邀请顾问加入董事会前，要进行一些必要的调查。另外一个选择是，邀请一位潜在的顾问加入公司时，可以试用一段时间，在交付股权之前，确定他是否真的称职。

风投融资

风险投资者中的种子投资者

似乎有些奇怪的是，一些大型风险投资者已经开始参与种子轮融资了。如果一家风险投资基金管理 10 亿美元，怎么会有多余的精力去投资许多小型交易呢？风险投资者不是应该重点关注那些处于需要大量资金融资轮次的初创企业吗？例如，需要 2500 万美元或更多资金的企业？尽管传统意义上风险投资者确实是与更成熟的企业进行较大的投资交易，但其中一些风险投资者已经开始尝试同仍处在早期阶段的初创企业进行交易。为此，他们采取“霰弹枪”式的投资方式，意思是尽可能多地投资项目，而不做任何繁杂的研究。

对许多创业者来说，在早期获得风投资金是很有吸引力的提议。首先，如果一家初创企业在发展初期就得到风险投资，其估值往往会更高。因为此时风险投资者通常只会投入少量的资本，所以，不会花费大量的时间就估值数据进行谈判。可以肯定的是，当风险投资者参与早期轮融资时，一家初创企业仅在种子轮融资就有可能获得 100 万美元以上的投资。

尽管有这些好处，但在企业发展的初期阶段就接受风投资金也可能是不明智的。原因是什么？除非你的初创企业起步势如破竹，否则，风险资本可能很少或根本没有时间投入初创企业。再者，筹集早期风投资金可能会使企业在 A 轮融资（在“风投轮”中讨论）中更难筹集资金。怎么会这样？如果在 A 轮融资阶段，企业起初的风险投资者放弃注入后续资金的机会，其他公司可能会把风险投资者的不感兴趣解读为对创业项目缺乏信心。如果企业起初的风险投资者是一家顶级风投企业，并且向你的企业提供了一笔可观的种子资金，如 50 万美元或更多，这会更糟糕。诚然，也许企业起初的风险投资者在 A 轮融资阶段放弃投资机会是因为已经为其他企业进行了大量经费投入，但潜在的 A 轮投资者并不一定知道风险投资者决策背后的真正动机。

风投轮

一般来说，创始人要改进产品，建立企业的基础设施，就需要招聘工程师甚至业务发展人员，因此也就需要寻求风投轮资金。正如前面简要讨论过的那样，创始人进行的第一轮风投融资被称为 **A 轮融资**。

在 A 轮融资中，初创企业的融资总额范围为 100 万～2500 万美元，但一般情况下，金额为 500 万～1000 万美元。

为了筹集如此多的资金，羽翼未丰的企业一般会选择一个领投。领投的目的就是推动融资进程，并将其他风险投资者带入这一轮融资，把投资的整体风险分散到多个风险投资者身上。但请注意，超级天使投资者也可能参与到A轮融资中。以Facebook为例，Accel合伙公司（Accel Partners）是2005年5月A轮融资中唯一的风投企业，该公司投入了1200万美元。天使投资者马克·平卡斯和里德·霍夫曼也参与了这轮融资。

A轮融资通常持续一年左右。如果在此轮融资过程结束时，企业看上去有实现更长期盈利的能力，那么该企业将进行B轮融资来促进发展。在这一时点，企业可能会开始探索全球市场进行扩张，也许还会引入更为专业的管理来帮助创业达到新的水平。在某些情况下，企业甚至可能通过收购其他企业来促进增长。

在B轮融资中，企业可能从投资者那里筹集到5000万美元乃至更多的资金，投资者通常是风险投资者，但也可能有战略投资者。（例如，在2006年4月的B轮融资中，Facebook从投资者手中筹集到2700万美元。投资者包括Greylock Partners、美瑞泰科资本合伙公司（Meritech Capital Partners）和创始者基金（The Founders Fund）。）然后，当一家企业进行C轮融资时，一般几个月内就会有数个大型投资者进行投资。通常情况下，初创企业会一轮一轮地继续进行风投融资来筹集资金，直到准备上市。或者，如果IPO不可行的话（也许是因为市场机会低于预期），可能会指望将企业卖给更大的运营商，但这种选择并没有什么吸引力，因为出售企业的回报通常低于 IPO 的回报。

IPO 融资

当公司准备公开发行股票时，会经历**首次公开募股**（IPO）的过程。公司股票通过纽约证券交易所（NYSE）或纳斯达克证券交易所（NASDAQ）等主要证券交易所向公众销售。许多科技公司在 IPO 期间筹集到的资金达 1 亿～2 亿美元，甚至超过这个范围。Facebook 的融资高达 160 亿美元！我们将在第 14 章对 IPO 进行更详细的探讨。

股票类型

公司可发行的总股份数额称为**核定股本**，而已经发行的股票总数称为**已发行股本**。比方说，某公司 XYZ 核定发行 1000 万股股票，而这 1000 万股中有 100 万股已经发行了。在这种情况下，假如你拥有该公司股票 10 万股，那么你就拥有该公司 10% 的股权。随着在发展过程中经历各轮融资，公司将向早期投资者发行越来越多的核定股本，以换取资金投入。这一般意味着你所持有的 10% 的所有权股份可能逐渐被稀释。

公司可以根据所处的融资阶段向不同类型的投资者发行不同类型的股票。例如，普通股是一种股权所有形式，向创始人、早期员工和种子投资者发行。如果适用的话，普通股也会发行给帮助公司起步的初创企业加速器。另外，天使投资者和风险投资者感兴趣的是另一种类型的证券：优先股。同普通股一样，优先股赋予持有人在公司中的股份所有权，但也给予了额外的特殊权利，这些权利明列在投资条款清单和股东协议中，其中包括优先清算权、否决权和董事会席位。第 6 章会详细介绍一些其他的优先股协议条款。

继续当前的讨论，发行优先股的天使轮融资可能太过耗时（需要 2～4 周的时间才能完成），并且费用昂贵（因为这一过程的法律费用很容易飙升到 25 万美元以上）。换句话说，对于注入小额资本来说，比如 50 万美元，优先股可能会造成一些大麻烦。为了避免在天使轮融资期间发行优先股会产生的延误和开销，创始人通常会转而发行可转换票据。本质上，这种票据是在发行后 1～2 年到期的固定利率（如 5%～10%）贷款。作为额外的奖励，利息支付不计入应计利息。可以肯定的一点是，到期之前累积的利息都会写在票据中，可以在票据到期或转换为股权时予以偿还。

除了比优先股更容易结构化，法律成本可能顶多几千美元，而可转换票据更吸引创始人还有另一个原因：可转换票据的价值并不与公司的总体价值捆绑在一起。因此，可转换票据使得创始人无须与天使投资者就公司估值进行可能引起争议的对话。这何尝不是一种“缓兵之计”？ 实际上，处于初创期的企业推迟估值讨论是很明智的，因为在尚未有时间证明其价值之前，确定一家初创企业的公允价值是很困难的。

当公司准备进行 A 轮融资时，创始人和天使投资者在估值上会更容易达成共识。一旦他们对公司的市值达成共识，天使投资者就将把他们的票据转换成优先股。但是可转换票据持有人希望在 A 轮融资期间获得特别的待遇，以换取他们对公司进行早期投资的意愿。你可以通过以下两种方式之一对可转换票据持有人做出补偿。第一种方式是对公司的交易前估值进行限定，以确保票据持有人对可转换票据的估值不超过某一固定金额。例如，假设简对 XYZ 公司投资了 50 万美元。5 个月后，该公司以 2000 万美元的交易前估值获得融资。但简的可转换票据的估值上限为 500 万美元，所以简在 A 轮融资期间购买优先股的上限就是 500 万美元。你可以采取的第二种方式是，给予票据持有人折扣，通常是 A 轮融资期间所发行的优先股股价的 20%～30%。

尽管 A 轮融资期间的早期投资者期望你给他们提供某些优惠，这看似不公平，但从长远来看，让投资者高兴是明智的。毕竟，在没有估值上限的情况下，早期投资者实际上对公司 A 轮估值的期望是很低的！如果他们期望较低的估值，那又怎能激励他们对公司伸出援手？另外，由于 A 轮融资期间提供的折扣或估值上限对早期投资者而言是收益，因此你应避免对认股权证进行谈判和发行，因为这一过程会大幅增加公司的法律成本。

但与其他任何财务结构一样，发行可转换票据存在固有风险。毕竟，倘若在票据到期之前公司没法进行 A 轮融资，那将会怎样呢？由于票据是一种债务，持有人可能控制公司的资产。如果你发现自己落入这样的困境，应设法与持有人对贷款条款重新谈判，确定他们是否愿意延长票据支付期限，从而给公司更多的时间来寻求 A 轮融资。

系列种子

在过去几年里，越来越多的天使投资者开始使用系列种子（series seed）来进行天使轮融资。在这一过程中，他们使用一套标准化的融资文件，而不是针对具体情境的法律文书来简化发行优先股的程序和费用。对这种做法要保持警惕。这些文件是填空的形式，系列种子文件（series seed documents）会导致你匆忙完成对关键条款（如董事会席位、优先清算权等）的商谈，而从长远看这也许并非最好的。因此，依前文所述，发行可转换票据是个较好的方法。

证券法

联邦政府针对证券的发行制定了诸多法律条文。如果公司违反了这些法律中的任意条款，联邦政府就可能要求其撤销融资。在极少数情况下，政府甚至可能对违法者施以罚款或判刑。不幸的是，创业者中存在一个普遍的误解，以为只有大公司受制于证券法。实际上，任何发行股票的公司都必须遵守证券法，因此，你一定要聘请有能力的法律顾问对创业过程中大量法律上的繁杂事务进行指导。

明确筹资时机

那么，应该何时开始筹资过程？现在就开始。在某种程度上，创始人应该**一直**在进行筹资。毕竟，你根本不知道会遇到什么人。在与某人偶然交谈后，他就给你的新创企业开了一张支票，这是很常见的事情。即使你不缺钱，也应该不断地筹资。企业资金枯竭是不可避免的，而这时候在银行有大量存款能免受财务拮据之苦。此外，你永远不知道整个筹资市场何时会冻结，就像 2001～2002 年以及 2008～2009 年那样。在这些时间段，科技型初创企业几乎不可能筹集到充足的资本，至少在条款合理的情况下办不到。天使投资者甚至专业的风险投资者都易受惊吓，这不足为奇，尤其是在经济处于低迷状态时。

与此相关的注意事项是，永远不要让企业处于资金只够支撑 6 个月的境地。风险投资者会嗅到绝望的气息，给你下圈套，提出更为苛刻的条款来换取资金注入。然而更糟糕的是，你可能刚花光所有的钱，那就必须停止运营。最后请记住，筹资过程是有季节性的，一年中有两个时段是几乎不可能达成筹资交易的：8 月和 12 月。在这两个月里，投资者通常在休假，除非交易炙手可热，否则，投资者不可能会对推介做出回应。

如本章所述，筹资过程中有许多可变因素，涉及很多不同类型的投资者、融资阶段和投资结构。这当然会令人感到不安，但几十年来，初创企业就是这样融资的。如果不遵照这一过程，就很可能会犯大错。在下一章中，我们将探究另一个创业难题，也是个与筹资紧密相关的难题：推介。同成千上万的创业者一起寻求资金，你需要从人群中脱颖而出。我会告诉你如何做到这一点。

第 5 章

— *Chapter5* —

推介

还有件事儿。

——史蒂夫 · 乔布斯

马克·扎克伯格最喜欢的是编写突破性应用程序，但作为 Facebook 的 CEO，他不得不密切参与到企业的经营中去。这意味着他得花费大量的时间向投资者、潜在客户、合作伙伴及新员工进行推介。扎克伯格没有史蒂夫·乔布斯那样的魅力。他天生腼腆，沉默寡言。在最初想把公司推介给主要利益相关者时，这些品质成了他的阻力。但他没有让天性妨碍自己改进推介能力。事实上，在认识到自己需要改变之后，扎克伯格投入了无数时间练习演讲技巧，甚至找了演讲教练。诚然，在演讲时，他仍不能像史蒂夫·乔布斯那样引人入胜（谁能与乔布斯媲美！），在演讲时，他可能看起来有些尴尬。但如果与扎克伯格的（不得不说是令人难堪的）早期媒体采访进行比较的话，你可以发现，他的演讲能力已有了很大的进步。

在本章中，你将学习如何有效地向投资者进行交易推介——这不仅仅要求听起来很不错和令人信服而已。你会读到如何制定重要推介文件，例如，公司的执行总结和幻灯片演讲（也称为**推介简报**或**简报**）的具体细节。你会了解如何规划企业的融资过程，以避免出现常见的问题和错误，而这些问题和错误可能会毁掉你从投资者那里获得认同的机会。那就让我们开始吧。

电梯推介

即使你不知道演讲报告方面的任何其他事情，你可能也知道之所以称之为**电梯推介**，是因为你得在一分钟左右的时间里快速地向潜在客户或投资者描述自己的企业，而一分钟左右就是乘电梯的时间长度。尽可能多地练习电梯推介，直至成为你的第二天性。你在进行电梯推介时越轻松自在，就越有可能最大限度地利用每一个与潜在投资者沟通的机会，无论你们是在活动中见面，还是在电梯中相遇！

传奇创业家和天使投资者彼得·蒂尔有个构建电梯推介的绝妙方法：问题 + 解决方案 = 资金。美国太空探索技术公司（SpaceX）的电梯推介就符合这一模式，它是一个值得学习的榜样，蒂尔引用了 SpaceX 公司的做法："发射成本在几十年内都没有下降，但是我们公司将其削减了 90%。市场价值估计有 100 亿美元。"这种推介出奇的简单，但已被证明同样令人信服。毕竟，SpaceX 公司已经从世界上最好的一些投资者中筹集到了数亿美元，其中包括蒂尔。

简报

如前所述，当你向潜在投资者推介时，应该提供一组幻灯片，也称为简报，用来对正式口头陈述进行说明和补充。简报将是投资者关注的重点，所以你要精心计划，花相当多的时间来整合简报。但在进入简报制作过程之前，请务必避免创业者常犯的如下一些错误。

- **杂乱无章**：用最少的字数来撰写简报。在联合创始人和员工面前练习演讲推介，请他们帮你确定文字较多的幻灯片，大幅删减，使之尽量简洁。风险投资者没有那么多时间去看平淡乏味的长篇大论，尽量用视觉材料和图片去表达你的观点。
- **不要想当然**：虽然风险投资者通常都是聪明人，但你绝不能假设他们对你的业务了如指掌。如果对普通商人来说，你的业务的某个方面理解起来过于专业或复杂，那么最好还要为风险投资者讲清楚这部分内容。仅仅因为不了解其中的某个方面，风险投资者就对你的创业失去兴趣或耐心，这恐怕是你最不希望看到的事情了。
- **好莱坞式**：在过去的几年里，许多创业者已经开始使用好莱坞式推介技巧。他们会这样说："我们的应用程序就像 Facebook 一样……但是为企业开发的。"尽管这种方法可以在一定程度上有助于你向投资者解释自己的产品，但表现得缺乏新意。

- **PDF 文档**：避免用 PDF 文档来展示公司的财务状况，因为 PDF 文档是无法修改的静态文件。应该采用 Excel 文件，因为投资者会想要分析财务模型，检查其基本假设。
- **退出**：当你准备结束演讲并解释你的退出策略时，不要这样说："我们计划在 2 年内以 1 亿美元的价格出售公司。"与你可能期望的相反，风险投资者不一定对快速套现感兴趣。他们已经认识到，出现切实可行的退出机会，很可能需要 5 ~ 10 年的时间。所以，不要跟风险投资者说你认为他们想听的话，而是让他们知道你将长期致力于这次创业。否则，他们可能会开始担心你不会坚持到底。

既然我们已经介绍了撰写简报时不该做的一些事情，那么好的简报有什么共同特征呢？首先，好的简报很短，不超过 12 张幻灯片。（相比较而言，Facebook 最初的简报只有 6 张幻灯片！）但如果你的简报现在是 25 张幻灯片，而你觉得仅仅通过缩小字体就可以将 5 张幻灯片中的内容硬塞到 1 张中去的话，请三思而行。简报上输入的任何文字都应该至少是 30 点（磅）[⊖]的字体。简报还应该重点关注能**证明**你的企

⊖ 1 点（磅）=0.35 毫米。

业的**要点**，即可以证明你的企业有很大潜力的明确重要的证据。例如，Facebook 的简报显示，该公司的用户数得到了大量增长，也表明该公司已经培养了用户对网站的高参与度，因为大约有 65% 的用户每天都会登录 Facebook。请相信，这一统计数据立即抓住了 Facebook 风险投资者的注意力！

你的演讲应该持续大约 30～45 分钟，但如果在讲完所有幻灯片之前被提问者打断，请不要惊慌。有人提问题，表明在场的风险投资者对你的企业感兴趣，并且已经开始考虑其潜力和各种可能性，所以尽量不要为了继续演讲，而去打断问答的自然发展过程。没有什么能比一个充满激情的头脑风暴会议更能激发潜在投资者对企业的热情。

简报中应该包括哪几类幻灯片内容？以下几方面是需要予以考虑的。

使命

为了让简报一开始就极具感染力，迅速抓住投资者的注意力，你应该考虑用一张概述企业使命的幻灯片来开始简报，还要揭示你的产品将如何帮助改变世界。你可能需要使用视觉材料来对使命的文字描述进行补充：可以是产品图片或显示增长率的材料，如上升型的图表。

产品

如果简报过于关注产品功能或过于深入介绍产品技术，

就可能会失去观众的注意力。投资者并不在乎你使用何种类型的服务器来托管（host）产品，他们想知道的是你的产品能解决什么问题：能帮助用户降低成本？增加收入？获得更好的信息？例如，Facebook 使用户能够与朋友和同事进行即时联系，无论地理距离有多远。正如大多数 Facebook 用户所同意的那样，该网站肯定会击败以前缓慢而难于维护的通信解决方案。

在简报中描述你的产品时，还应该回答以下两个问题。

问题 1：为什么你的方案优于目前正在使用或正在开发中的其他方案？

答案 1：专注于解决人们最紧迫的一两个问题会有所帮助。例如，Facebook 唯一的目标就是让用户能够与朋友很容易联系，并分享信息和照片。因此，扎克伯格大约每年只推出少数几个重要的功能，如动态信息和照片功能。他也避免让广告充斥网站，因为这会有损用户体验。这一方案与 Facebook 的竞争对手，如聚友网，形成鲜明对照。那些散乱的网站常常让用户感到困惑，充斥各种服务甚至垃圾邮件，让用户不胜其烦。

问题 2：什么能阻止竞争对手复制你的产品并进而毁掉它？

答案 2：你要能够向潜在投资者展示自己相对竞

争对手的不公平优势（unfair advantages）。Facebook拥有一流的技术架构，能让用户快速下载页面、照片和视频。与此同时，Facebook 的竞争对手聚友网和友人网的技术基础相当薄弱，降低了用户体验，因此，这些网站最终消失了。请记住，大多数企业的不公平优势在幕后，是用户看不到的。扎克伯格意识到，用户不在乎技术如何运作，他们只希望技术运作起来，运作得快一点儿，这就解释了为什么 Facebook 要花费这么多时间招募顶尖的软件工程师。

多花一些时间去思考这两个问题。风险投资者想了解你的思维过程和战略能力。他们这么做不无道理！毕竟，他们将要花费数百万美元来资助你的梦想，所以他们想要确切知道你的创业不同于其他成千上万创业者的原因，这是合情合理的。

机会

一般来说，除非某一产品至少有 10 亿美元规模的目标市场，否则，风险投资者不会提供资金。所以，如果你的最终成品仅仅是为了满足规模很小的市场需求，那么，风险投资者可能不会太感兴趣。然而，这并不是说你应该放弃对**最初**面向利基市场的产品的开发，重新开始产品的开发过程，把重点放在创建面向所有人的产品上。当你第一次发布产品时，将焦点放在一小部分市场上，这实际上是一个明智的主意。虽然这看似违背直觉，但这样做可以让你在首次发行之前对产品进行测试，并获得用户反馈。更重要的是，由于规模小，测试市场可能会供不应求，所以，比起一下子就将产品推向最终目标用户群，这样反而能获得更多的市场牵引力。

想一想 Facebook 是如何推出产品的。最初在哈佛起步时，Facebook 就迅速在第一个小目标市场上流行起来。一个新的在线社交网络的消息逐渐在各个大学之间口口相传，最终全国各地的高校学生开始游说 Facebook 允许他们访问。作为回应，Facebook 开始将该网站慢慢地推广到越来越多的学校，并不断地通过每一所新加入网络的学校来测试和改进网站的概念。

有趣的是，如果 Facebook 把自己局限于大学市场，那么可能就无法吸引潜在风险投资者的注意了。尽管 Facebook 是投放到了小市场上，但从未面临限制增长潜力的危险。扎克伯格很清楚自己的想法具有广泛吸引力。他把大学市场看作 Facebook 成为全球社交网络这一远大蓝图的跳板。扎克伯格选择从小市场开始，实际上是做了一个战略决策，让他能够向风险投资者展示 Facebook 提供的服务是如何在较小的市场中运作的，也确保了人们很容易理解他对网站的愿景。

说到要制作关于市场机会的幻灯片，许多创业者采取的一种常见方法是，详细说明企业的可获取市场规模

（TAM）——由产品或服务的可能购买者构成。有一家企业的可获取市场规模令所有人都感到惊讶，那就是 Zappos。Zappos 刚刚起步的时候，在网上买鞋子似乎是很古怪的事情。在买鞋子之前，难道不需要试穿吗？但 Zappos 的最初投资者和现任 CEO 谢家华（Tony Hsieh）意识到了这家在线零售巨头的市场机会，这还多亏了 Zappos 公司的创始人尼克·斯威姆（Nick Swinmurn）在向谢家华的投资公司——创投青蛙（Venture Frogs）进行推介时提到的一个类比。1999 年，美国鞋业的销售总额有 400 亿美元左右，其中大约 20 亿美元（即 5%）来自邮购。斯威姆（正确地）推测到，如果可以在线购买鞋子，那么这个销售数字将会上升，尤其是因为这种购买体验是互动的。谢家华认为斯威姆的推理很有道理，所以他投资了 Zappos 公司。正如我们大多数人所认同的那样，这是个明智的决定。

团队

除非你拥有成功创建企业的良好记录，否则你需要组建一个可靠、忠诚、全职并且最好是经验丰富的团队，然后才能开始创业。不然的话，潜在的风险投资者可能会战战兢兢地看待你的企业，不愿意提供资金。我们希望你已经填补了这个团队的一些关键职位，确定了诸如领先的技术人才或在该领域经验老到的人员之类，但不要纯粹为了用一个庞大的团队名册给潜在的风险投资者留下深刻印象而觉得必须找很多合伙人。你的核心团队只需要 3～4 人，只要你能够为风险投资者提供一些实实在在的证据来证明这些人将会使你的企业走上成功的巅峰就好。

在团队幻灯片这一页，应该有企业中每个成员的简介，图 5-1 就是个例子。

简・史密斯（Jane Smith），首席技术官	Facebook 支付功能（Payments）工程师团队（安全）； 谷歌安卓的工程师（付费网关）

图 5-1　在幻灯片上展示团队成员的示例

要集中介绍每个团队成员的相关经验，并简明扼要。在推介简报中介绍团队时，还应该涵盖以下附加因素：

- 你如何发放薪酬？
- 你计划另外招募哪些人才？
- 你打算如何招募他们？

商业模式

简报中还要有一两张幻灯片，向潜在风险投资者展示初创企业将如何赚钱。毕竟，你向他们进行推介的首要原因是希望他们为公司提供资金，而你以公司的一部分股权作为回报。如果你都还没有制订出一个能让公司盈利的初始策略，让风险投资者获得投资回报，那么他们又有什么动机去投资呢？当然，想要知道产品将如何发展以及会有哪些类型的客户是很难的，所以企业的初始商业模式很可能会失败。例如，Facebook 最初的商业模式是在当地做广告！但是，制定一个经过深思熟虑的商业模式可以向风险投资者证明你的企业是值得投资的。

商业模式不必太复杂。爱彼迎公司的推介简报用一张简单明了的幻灯片详细说明了公司的商业模式。上面写着：“我们的每笔交易都会收取 10% 的佣金。”然后该幻灯片显示，根据其销售历史记录，该公司每笔交易大约收取 20 美元。这给爱彼迎公司的风险投资者传递了一个令人信服的信息，因为他们可以立刻算出并意识到，只要几百万笔交易就能确保该公司取得突破性的成功。

如果你想了解为创造收入可以采取的各种方案的详细信息，请参阅第 9 章。

走向市场的策略

在推介简报中，初创企业通常很少注意走向市场的策略，然而，事实是，证明自己已经严格分析和制定了产品的分销渠道是至关重要的。毕竟，很少有产品会自行销售或以某种方式像病毒一样蔓延开来。

风险投资者希望看到初创企业有一些富有创意的草根营销策略。如果你想要看制定了非常规营销策略的初创企业方面的例子，那没有比 Mint 公司的阿伦·帕兹尔更适合的了。在推出自己的应用程序之前，帕兹尔就开始写一个金融博客了，这个博客迎合了他的应用程序的最终目标人群（即 20 来岁的人），涵盖了信用卡、学校贷款和职业技巧等主题。事实证明，帕兹尔的博客对他的品牌营销帮助很大，博客还收集了很多电子邮件地址。到 Mint 这一应用程序准备推出之时，他已经聚集了2万多名会员。因此他才能够吸引风险投资者的注意，后者也更有信心投资这家公司。

第7章更加详细地分析了各种分销方法。请记住，目前来说，无论是哪种走向市场的策略（或哪些策略）最适合你的产品，你都应该确保简报中涵盖了这一关键主题。

竞争状况

在简报中列出企业的最大竞争对手，解释你的产品和企业与竞争对手的不同之处。永远不要说“我们没有竞争对手”，这句话几乎总是错的，很可能会吓走潜在风险投资者。

有时，竞争对手甚至可能不是一家企业，而可能是客户做事的传统方式。你只需看看极受欢迎的音乐流媒体服务提供商 Spotify 就知道了，其创始人兼 CEO 丹尼尔·埃克（Daniel Ek）说，他的竞争对手是盗版行为。为了确保公司成功，埃克建立了一个易于使用的快速服务界面，这样一来，朋友之间的音乐分享，不仅仅是可能的，而且还很容易做到。多亏了 Spotify，盗版音乐看起来似乎不再那么诱人了。

财务预测

早期阶段的风险投资者希望你能在推介简报中披露企业运营第一年的每月营业收入和费用预测。然后，在企业庆祝一周年纪念日后，你应该修改这些数据，开始按年（而不是按月）对企业未来两年内的业务进行预测。你要将所有这些信息插入一张电子表格，不要忘记包括一些基本的财务模型，例如，用公式来显示，在给定金额的销售和营销支出下，企业将会吸引多少客户，以及估计能从每个客户身上获取的平均收入。一旦编制好了这些财务细节，你就对营业收入做了可让人接受的预测。

虽然基于财务预测等式的营业收入这一边就足以让你做出有根据的猜测，但是一定要为风险投资者提供企业预期费用的详细分析，其中大部分预期费用最有可能是雇用新员工的成本。请记住，即使在考虑企业可能的开支时，你已经深入研究了其中的细节，但几乎可以肯定，你仍然会低估企业的运行成本。有一点要请你相信：计算在给定运作期间内所有预期成本的总额，把这个数字乘以 1.5。这一计算结果能更为现实地估计企业在这一时期的总体成本。

完成电子表格后，在推介简报的一张幻灯片上总结一下财务预测要点。你可以查看表 5-1 中的财务预测幻灯片示例。

不要在财务预测电子表格中插入任何花哨的财务指标，如企业的贴现现金流或内部收益率。这些细节是多余的，也不能为潜在风险投资者提供多少企业发展机会方面的信息。你是创业者，而不是工商管理硕士（MBA）！

表 5-1　企业财务预测样本

	2013 年	2014 年	2015 年
用户（千个）	250	1 300	6 250
营业收入（千美元）	1 500	9 333	62 500
销售和营销费用（千美元）	5 000	20 000	50 000
一般管理费用（千美元）	500	1 000	4 000
研发费用（千美元）	1 000	4 000	8 000
现金流量（千美元）	（5 000）	（15 667）	500
每用户收入（千美元）	6	7	10
每用户营销成本	20	15	8

融资

请务必在推介简报中回顾企业的融资历史，其中包括你希望在目前正在筹备的一轮融资中筹集的具体金额。不要给风险投资者暗示你愿意接受的资金范围，因为他们可能会把这当成理由，以你指定范围内的最低金额进行创业投资。

小结

当你准备结束推介简报时，要用最后一张幻灯片来给风险投资者概述演讲中最重要的部分，并确保留下深刻持久的印象。你可以考虑再次强调企业的使命，回顾产品将以什么方式帮助改变世界。这样你就能强有力地开始演讲，并同样强有力地结束演讲。

眼见为实

推介简报是向潜在风险投资者进行演讲的重要组成部分，但也只能帮你做到这一点了。如果你真的想吸引投资者的注意力，那就得在推介会议上展示产品原型。不必是最终成品，可以是未来产品的一个粗略版本。只要潜在投资者可以摆弄你的原型（顺便说一句，他们喜欢这么做），他们就可以更清晰形象地看到你的企业和产品所展现的机会，而且他们可能会提出一些想法，这对企业和产品的未来发展来说是非常宝贵的。

工作模型无疑有利于 Facebook 的筹资活动。毕竟，在扎克伯格开始向风险投资者进行推介的时候，该网站就已经开始运行，每天都能赢得大量新用户。可以肯定的是，Facebook 的潜在投资者当时对该网站仍有许多疑问和顾虑，但很难辩驳一个事实，那就是公司每一天都在吸引用户。

在某些情况下，企业选择只向潜在投资者展示产品，而不是在推介会议上展示简报。在其产品还是最小化可行产品（MVP）时，Instagram 就是这样做的。在技术术语中，最小化可行产品意味着产品还处于原始阶段，仅仅专注于少数几个核心功能。然而，成为最小化可行产品需要具备什么特点呢？对这方面的认识还是模糊的。一些创业者认为，几张截图或一个极其粗略的原型就可以是最小化可行产品。但涉及筹集资金时，这些宽松的定义可能就不够了。这并不是说你必须花几个月的时间来开发产品原型。无数伟大的产品，从 Facebook 到 GroupMe，开发周期都很短，都是在最短的时间里创建起来的。但最终，原型应该具有稳健性（robust），可以向潜在投资者证明，你的产品对用户很有价值。

执行总结和商业计划书

在与潜在风险投资者进行推介会议之前，应该起草一份简明扼要的执行总结，其目的是把简报转换为段落的形式，说明业务的核心要素。尽量将执行总结限制在一页以内，一页应足以让投资者了解你的业务是什么了。如果必须超过一页，也务必将文件限制在三页以内。

编写执行总结时，要遵循以下一些一般性规则：

- 避免使用流行语，因为这会惹恼风险投资者，可能给人留下这样的印象：你的创业是场闹剧。
- 撰写清晰明确。实际上，你的执行总结可以是对话式的，但文件上不要过多使用笑话和俏皮话。执行总结的目的不是引人发笑，而是讲清楚要点。
- 尽量少用图表。放上产品的截图和企业发展的图表可能是个好主意，但不要忘记，这一文件应该更加注重文本，少使用图表。

是否需要正式的商业计划书？忘掉它吧，正式的商业计划书不过是在浪费时间——如今的风险投资者甚至都不希望你提供正式的商业计划书，但制订运营计划则是个好主意，其目的是为下一年的业务目标提供指导，并按月详细描述既定目标。运营计划是个非常有用的工具，有助于企业保持正常运营，并衡量其进展情况。如果情况不妙，企业没有达到每月目标的话，那么运营计划可以帮你回到正轨。

运营计划可以包括以下组成部分：

- **产品说明书**：产品说明书一般有几页篇幅，应该描述产品的主要功能，最多只能描述 3～4 个功能。
- **产品图**：预测用户将如何使用产品，并在产品图中描述这一过程。
- **产品文案（product copy）**：产品信息至关重要，所以不要忘记考虑用文案描述网站或移动应用程序。如果用户在查看产品时能立即明白你的价值主张，那么他们将更有可能使用这一产品。
- **招聘计划**：列出还需要招聘的空缺职位。可以包括这些未来员工的各种理想技能和薪酬水平，还要确定每个未来新成员的目标。

你可以将运营计划纳入为风险投资者收集的尽职调查材料中。虽然开始时可能觉得起草运营计划需要做大量工作，但在这份文件中体现的远见卓识可能会让风险投资者感到安心，增加他们的投资意愿。毕竟，一份经过深思熟虑的运营计划表明你有严明规范的方法来发展企业。

新手推介错误

你在创业过程中会犯下很多错误，这是不可避免的。但好消息是，这些错误往往会成为很好的学习经历，而有些错误很容易避免。以下是筹集资金时创业新手最常犯的一些错误：

- **要求签署保密协议（NDA）**：无论你的产品多么了不起或富有突破性，任何享有盛誉的投资者都不会签署保密协议，因为这样做可能会阻止他们对更多的交易进行评估，甚至可能导致诉讼。
- **向投资者发送未经请求的电子邮件**：如果你的目标是顶级投资者，那么向他们发送未经请求的电子邮件是在浪费时间。这种电子邮件几乎类似于每个人都收到过的电子邮件，都是要求收件人支付1万美元的现金以换取1000万美元的奖励作为回报！与有资历的投资者进行联系的最佳方式是通过推荐或介绍，而不是通过未经请求的电子邮件。
- **推介给错误的投资者**：许多天使投资者和风险投资者专注于特定的技术类别、投资水平和地理位置等。在做推介之前，你要对投资者进行一些调查，以确保你的商业利益和他们的一致。

- **寻求推荐**：如果某个投资者对你说“不”，表面上照单全收就好了，更重要的是，不要要求这个投资者把你推荐给其他投资者。这样做会造成尴尬的局面。再说，你真的认为这个风险投资者会热情地帮你介绍吗？
- **不要白费力气**：如果你的推介没有引起投资者太多的兴趣，那么你需要重新进行评估。问题出在哪儿呢？你的推介中有哪些部分最令人怀疑？你要找出问题所在，并解决它。如果不这样做，你可能会继续在这个众所周知的枯燥工作上搁置下去。

演讲技巧

毫无疑问，推介可能是非常伤脑筋的。要预测潜在投资者可能会提什么问题并不容易，要引起他们的兴趣也很难。他们是在走神考虑其他交易？还是全神贯注于你的演讲，为给你的产品找到新的应用而集思广益？

幸运的是，你可以在推介时有效利用一些技巧，可能有助于提高胜算：

- **时间安排**：与潜在投资者的会面尽量安排在上午，因为在上午风险投资者会更精力充沛，不那么疲惫，这意味着他们应该能更专注于你的交易。可是到了下午，他们可能会想下班了。

- **有趣**：在演讲中不要过于严肃，因为这对投资者来说可能很扫兴，而要设法轻松地沟通，如果能幽默一些，也会有很大帮助，但不要过了头，一个玩笑就可以了。
- RetailRoadshow.com：这一网站提供了打算进行 IPO 的公司高管的演讲录像。毫无疑问，这些视频中的 CEO 都擅长筹集资金，因此，研究他们的演讲可能会对你有所帮助。你也可以从他们的推介中获得制作幻灯片的一些创意。

练习会议和进攻计划

进行推介测试是个好主意，但不要在那些你想做交易的风险投资者身上进行测试。绝不能仅仅为了改善演讲而向你必须争取的投资者进行测试会议。相反，在开始安排与你真正想要向其推介的风险投资者会面之前，应该先进行友谊推介，其中可能包括你的顾问、值得信赖的朋友以及你不太乐意合作的投资者。

推介得越多，你就能做得越好。你应该要能像条件反射一样做推介，同时确保做得自然流畅。如果你相信企业的使命，那这不应该是个问题。如果想要获得推介表现的反馈，那么就要告诉你的听众，不要对他们的批评和评论有所保留。当然，让你知道不足之处，可能是残酷而且令人不舒服的，但是如果你想成为筹集资金的专业人士，那就需要知道自己的弱点。

一旦你在进行推介时感到很自在，那么就可以制订筹资计划来概述拟采取的融资步骤及相应的时间表。请记住，筹集资金可能会很费时间（仅仅 A 轮融资就可能需要花 1～3 个月的时间来完成），而且推介只是筹资过程的开始。你还需要有足够的时间进行谈判和尽职调查，最后才能完成交易。

但不要给自己太多的时间来完成筹资计划。这是为什么？因为在筹资过程中，很容易失去对企业管理的关注。这是有道理的，对吗？你花越多的时间向风险投资者推介，和他们就条款进行谈判、签署合同，那你投入企业必不可少的日常运营事务上的时间就越少。更重要的是，企业情况一旦恶化，风险投资者很容易嗅到这一点，而且他们通常很善于加以利用。

由于风险投资界联系紧密，所以缩短筹资时间也很重要。当风险投资者看到感兴趣的交易时，他们会告诉其他企业的朋友，可以帮助获得口碑。然后，如果有消息传出，这个企业马上就要达成一笔潜在交易，快速又紧迫，那么投资者可能会仅仅因为不想错过机会而参与进来。但是，如果这一风头正劲的企业安排的会议间隔很长，迟迟没有为投资者起草投资条款清单，那么投资者对该企业最初的兴奋和热情可能会消退，在这一过程中该企业的投资前景会削弱。

那么，如何避免制订一份耗时的筹资计划呢？很简单：缩短筹资设定的时间，列出想要向其进行推介的风险投资者名单，并在短时间内安排会议。后者应该不难实现，因为硅谷的许多风险投资者（至少是那些重要的）的办公地点集中在沙山路。你要尽可能多地与领投沟通，他们会管理投资过程。如果你有几个领投可供考虑，那么可能会发生招标热潮，这会让你的企业有更高的估值，更不用说缩短筹资期了！

寻找合适的风险投资者

当涉及寻找合适的风险投资者时，请避免使用“广撒网然后祈祷”的方法。你的目标对象是那些最能让你的企业达到下一个增长水平的风险投资者。你要怎么做呢？不能仅看公司的品牌，还要看它们投资的其他企业，它们在投资之前更喜欢该企业处于什么发展阶段，以及它们的投资获得了哪些成功。换句话说，你应该在要求与其进行会议之前对风险投资公司及其合作伙伴进行背景调查。可以先在谷歌上搜索有关公司，然后再向共同联系人询问他们与该公司的合作经验。该投资者具有本领域的商业背景吗？他们能为企业带来强大的关系网吗？能带来什么好建议吗？还是说，他们是公认的麻烦制造者？如果这些问题的答案不符合你的标准，要敢于放弃这一风投企业。拒绝那些愿意给你写支票的人是不容易的，但在某些情况下，这样做可能是最好的。

一旦列出了简短的首选投资者名单，你就要询问共同联系人能不能帮你引荐。在与每位潜在投资者进行正式的推介会议之前，给他们打个两分钟的电话可能也是值得的。在电话中，你可以对风险投资者进行电梯推介，看看他们是否对你的企业有兴趣。如果投资者缺乏热情，那就没什么必要进行这个演讲。

资料室

资料室（data room）是安全的在线门户网站，访问权限受限制，允许投资者登录并查看你的投资者资料，包括简报、执行总结和尽职调查信息。尽管使用资料室来存储企业的文件一开始看起来可能是不必要的，但投资者还是希望能够在一个中枢站访问企业所有的投资者资料。更重要的是，通过电子邮件不断来回发送文件，可能会减慢投资过程或导致错误。

如果你正在为企业寻找安全的资料室，可以考虑使用 CapLinked 平台，它为处于早期阶段的企业服务，易于使用，并且可以与外部资源（如人际关系网领英）进行整合。也许 CapLinked 平台最重要的特点是能够让你知道某个投资者已经查看了本企业的材料。如果投资者确实在网站上查看了你的企业资料，你就可以根据他们下载的具体文件注意到他们似乎对本企业的商业模式和产品感兴趣。这些信息对于你与该投资者进行沟通是非常有帮助的。

警惕假的风险投资者

你可能很难相信，但一些风险投资者确实没有任何投资资金。想想看吧，典型的风险投资基金一般会在其生命周期内历经几个关键阶段的增长，其中一个阶段发生在第二至第三年，也就是当其合作伙伴开始为该企业的下一只基金筹集资金时。如果前一只基金的回报不太高，那么投资者可能没有兴趣加入下一只基金——这意味着该基金将没有任何资金来进行投资了。所以，如果你注意到一家风险投资企业在一年左右的时间里还没有做任何投资，那就避开它吧。这种不活跃的表现几乎总是明确表明，该企业已经耗尽了可投资的资金。

在有关的说明中，如果你发现某个企业的顶级合伙人之一已经辞职或跳槽，你也应该小心谨慎。这是为什么？因为通常情况下，投资者和风险投资企业会签署协议，规定如果企业的主要合伙人之一退出，那么基金的投资活动将停止。这种性质的条款是完全合理的。毕竟，投资者要根据这些基金主要合伙人的技能和声誉来决定投资哪些基金。那么，他们又怎么会把自己的钱放进一个由不信任的人管理的基金里呢？

不要太激动

我经常听到创业者这样说："前几天我和这个风险投资者

谈过，他真的对我的公司很感兴趣。”我并不是有意冒犯，但那又怎么样呢？风险投资者很聪明，会算计，这就是他们一般不会对任何交易说“不”的原因。如果那家公司将成为下一个 Facebook 呢？对一家公司说“不”会让风险投资者出局，所以他们总想确保自己还在游戏中——以防万一。

你也必须认识到，在风险投资世界中有一个重要的等级秩序，而且头衔很重要。如果你是和投资总监、副总裁、投资者或研究分析员谈论你的公司，那么你并不是在和决策者交谈。处于这些职位的人员几乎从不说“不”，因为他们主要的任务是追踪市场的参与者，而不会对哪些公司获得多少资金做出关键决定。但是如果你能跟总裁或普通合伙人交谈，那就要恭喜你了：你正在与决策者交谈。更重要的是，他们没有什么闲暇时间，所以他们愿意见你这一事实就是个很好的信号。在这种情况下，你可以有些小兴奋！

“厚脸皮”

除非你已经开发出超级火爆的产品，否则就有可能会被风险投资者拒绝。任何尝试开创新方法的企业都有可能会被拒绝。当这些不可避免的拒绝开始陆续到来时，别灰心，放弃 Facebook 的投资者都认为 Facebook 被高估了或者只会风行一时。记住，筹集资金就像任何其他的销售过程，你要有目标受众，然后才会有命中率。如果事情进展顺利，会有很多风险投资者争夺交易。

让全世界都知道

当结束一轮融资时，可以起草一份新闻稿，上面引用一些投资你企业的风险投资合伙人的原话，这将为你的企业提高可信度。你还应该在企业的网站上增加一个“投资者”版块，其中包含企业融资的相关信息以及联系人姓名、电话号码和电子邮箱地址。

接下来，通常在企业正式公布融资的前几天，你可以联系行业内的一些代表性博客，提醒他们你的融资消息。博客记者通常会在你为他们预定的公布日期之前暂缓宣布此类消息，但要知道封锁是可以打破的。当然，这可能会很烦人，但至少你正在为你的企业做宣传。

利用投资者

许多创业者都不知道如何争取获得投资者的帮助。在某些情况下，创业者可能会把他们的投资者视为敌人，特别是在融资谈判有争议的时候，但这是个很大的错误。天使投资者和风险投资者通常拥有大量的创业和从商经验，因此，让你的投资者尽可能多地参与到你的企业中来。如果你无法找出充分利用投资者技能和才干的方法，请试试以下策略：

- 在产品更新换代上征求他们的意见。
- 请求他们帮助你引进新员工。
- 建议他们帮你与有兴趣建立合作关系的企业联系。
- 建议他们对企业新的营销活动提供反馈意见。

你不必让每个投资者都参与到你所做的每个决定中去。相反，你要将他们划分到各自的专业领域，这应该有助于简化建议收集过程，使收益最大化。

总结

正如你在本章中所看到的那样，在与投资者打交道时，你需要显示出极好的推销才能。事实上，作为创业者，如果想取得成功，那么成为熟练的推销人员是至关重要的，因为你在对投资者进行推销的同时，也是在对潜在的员工和客户进行推销。向别人推销自己、你的企业和产品可能是有些不舒服的，但你在这个事情上没有太多的选择余地。当有疑问时，对自己重复一遍："推销并不邪恶！"

在下一章中，我们来看看投资者谈判报价的要点。这是一个激烈的过程，但我会告诉你一些方法来获得立足点。

第 6 章

— *Chapter6* —

交易条款

父亲告诫我：永远不要企图在交易中赚走所有的钱，也要让其他人赚些钱。因为，一旦你总想赚取所有钱的名声在外，就不会有很多生意可做了。

——保罗·盖蒂（J. Paul Getty）

如果天使投资者或风险投资者想要进行投资，他们就会递交**投资条款清单**给你。这是一份简短的文件，大约 1～4 页左右，里面会列出投资总额及估值。投资条款清单中也包括其他一些主要是法律和技术层面的保护性条款。这些条款是文件中最重要的内容，然而，投资者往往把关注点放在了估值上，这样可能酿下大错。

2005 年，马克・扎克伯格签署了自己收到的第一份投资条款清单，这份清单是彼得・蒂尔递交的。扎克伯格得到了律师和重要顾问如肖恩・帕克的帮助，肖恩・帕克了解投资条款清单的各种细节。虽然估值也重要，但不能太沉迷于估值。想想看，扎克伯格的一个工作重点就是要保持对 Facebook 的掌控。实践证明，这对 Facebook 的成功具有重要意义。

所有这些事务所需要的高额法律费用都要由企业负责。而且，你知道吗？按照通行的惯例，企业还要付费给风险投资者。确实是这样的，但这些钱从融资金额中支出。

本章将对你在投资条款清单中可能会看到的一些条款进

行说明，并且告诉你如何就这些条款进行谈判。然后，会给你讲解如何管理尽职调查过程，这其中存在一些固有的雷区，但我们先来看一些久负盛名又聪明的谈判方法。

扮演好交易者角色

在谈判前，确保团队成员已达成共识。这不仅包括联合创始人，也包括顾问以及律师。商定你想要的理想投资条款清单、交易杀手[⊖]（deal killer）、关键点上的最低水平以及一些不太要紧的条款等事项。

你会很庆幸自己对这些问题进行了审查。记住，风险投资者都是谈判专家——谈判是风险投资者的本职工作，而且他们一点儿也不在乎打击没有经验的创业者。

假如一位联合创始人不假思索地说反稀释条款很重要，但几天之后，另一位联合创始人说的恰恰相反，那么风险投资者就会嗅到机会剔除这个条款。

没错，就是这么残酷。

谈判技巧

在谈判中，创业者常常会讲得过多。这可能是由于紧张，

⊖ 交易杀手：可能导致融资交易流产的最重大问题。——译者注

或可能是为了营造融洽的气氛。

不要落入这一陷阱。你可能会对某些条款说漏嘴，例如，无意中主动提到估值或优先清算权的最低交易点。做出这一举动，就几乎不可能撤销。

扎克伯格呢？从脾气秉性来看，他是个安静的人。他会反复咀嚼不同的想法和别人说的话。沉默也是个很好的谈判技巧。尽管扎克伯格很年轻，却能很有效地与一些世界上最好的交易者抗衡。

如果你读一读谈判方面的文献（有很多这方面的书），你会发现，谈判方法不胜其数。其中一种是做“好好先生”，不要过于激进。这一方法相信，如果你采取合作的态度，就能达成更好的交易。

这一技巧有优点，但也有问题。投资者想要看到强硬的创业者，愿意在重要的问题上据理力争。如果你在融资的主要问题上不够坚定，那么潜在投资者可能会对你失去信心。他们会想：你是不是太优柔寡断了？你能够挑起重任，从客户和供应商那里获得强势条款吗？大概不能。请想一想吧，像彼得·蒂尔这样的投资者都曾因为创业者在谈判的时候不愿意表现得咄咄逼人，而放弃了投资。

另外，一些创业者走向另一极端，采取你死我活的方法。他们认为每一场谈判都是一场战争，每一场都要赢。

最典型的代表就是史蒂夫·乔布斯，他是个无情的谈判代表。不知什么缘故，他对大公司也是我行我素。

当然，乔布斯是个特例。他有天生的时机感和巨大的魅力，而你却可能没有。因此，如果你在谈判时充满了敌意，最终可能将一无所获。同样，请记住，在谈判过程中，你处在与风险投资者建立联系的早期阶段。他们将在接下来的数年成为企业的一部分。

最好的谈判方法是在轻易合作和咄咄逼人之间维持平衡。这并不容易，但随着经验的积累，你会做得越来越好。作为创业者，你会有很多的实践机会，关键是要多留心这一平衡，然后想方设法加以改进。

如果风险投资者使用敌对策略，你也应该谨慎应对。这种做法是他们开展业务的一贯方式吗？或许这预示着恶劣的长期关系吗？

其中一个不好的信号是，如果风险投资者提供了一个**突发性的投资条款清单**，这意味着你必须在短时间内（比如说24～48小时内）同意。这一高压技巧是个很危险的信号，也许最好的处理方法就是避而不谈。

你也不应同意陈述与保证条款，这一条款要求你对企业的结果负个人责任。这可能会对你个人的财务状况产生毁灭性的影响。这也表明，风险投资者做得太过了，你可能应该去其他地方寻找投资者。

脸皮厚一点儿

如果风险投资者刻意低估企业的价值，会让人感觉像是一种侮辱。你可能想要勃然大怒或取消这一交易。难道他们不知道这家企业有巨大的潜力吗？

情况可能是这样，但你需要意识到，风险投资者正对你寄予厚望。大多数早期阶段的企业都因时机、竞争和执行不利等诸多原因而以失败告终。

风险投资者肯投资这样的企业，已经很让人惊奇了。将 500 万美元投入一个只有原型没有销售业绩，管理团队又很年轻的企业似乎有些疯狂吧？

所以，当谈到企业的估值时，你要脸皮厚些，对低的报价有个预期。如果随着谈判的进行，估值越来越低，也不要惊讶！这一切都是创业者旅途中不那么光鲜华丽的一部分罢了。

对创业者来说，股权被大量稀释是一大恐惧，这可能意味着超级富有、中等富裕还是刚刚温饱的区别。但创业者对股权稀释无计可施，这是必然的环节。对扎克伯格来说，当公司在 2012 年 5 月上市时，他只占 Facebook 28.1% 的股份，但仍然足以使他名列世界富豪榜。

估值是艺术而不是科学

对企业进行估值有好几种方法，其中包括观察可比交易、对资产的市场价值进行估值和评估企业的现金流量。

但是对初创企业来说，这些方法都行不通。即使有类似的交易，也不会披露。刚起步的企业几乎没有什么重要的资产，现金流量已经是几年前的了。因此，丢弃你的Excel电子表格吧，这些表没有任何价值，只会把事情弄糟。

也许唯一的量化标准就是投资者一般会在公司成立早期持少数股权，比如10%～40%。这样做可以确保创业者有足够的动力创建杰出的公司。

所有权百分比因各种因素而异。因素之一是一般融资环境。如果融资环境很稳健，像20世纪90年代末或2010～2012年那样，那么所有权百分比预期是10%～15%。但如果市场处于“核冬天”，如2001～2003年，则可能会是30%～40%，前提是投资者愿意开支票。

企业估值的另一关键因素是企业的热度。如果有望成为下一个Facebook，那么预计会拿到多个投资条款清单，但所有的估值百分比都很低（很有可能低于10%）。要做到这一点，企业必须已经在市场上获得巨大的牵引力。

更有可能出现的情况是出现唱反调的人。风险投资者将强调风险，从而获得更高的所有权百分比。这就是为什么需要不断找到方法去打破里程碑，呈现出不断进步的趋势。这是获得估值胜利的唯一方法。

估值类型

想要就估值进行谈判，首先，你需要了解行话。请记住，有两种类型的估值：交易前估值和交易后估值。

交易前估值是在没有增加任何资本之前对企业的估值。

假设你创立了一家企业，根据分析，你认为企业值 500 万美元，这就是交易前估值。

假设投资者同意这一数额，愿意投资 100 万美元。在这种情况下，**交易后估值**为 600 万美元，就是交易前估值加上投资额。

正如你看到的，交易前估值和交易后估值的差额是 100 万美元，这很关键。这就是为什么你要明确风险投资者讨论的到底是哪个估值。如果没弄清，最终你的股权可能会变少。风险投资者了解这一点，他们才不怕混淆事实来获取优势呢。

其次，还有一道波折，主要针对 A 轮交易。投资者会要求预留出一定数额的股权用作员工期权，这被称为**期权池**（option pool）。

再次，请确保你和投资者正在谈论的是正确的估值。到底是设置期权池之前还是之后的估值呢？如果是之前的，从你发放期权的那一刻起，随着时间的流逝，估值也将被不断地稀释。这可能是个大问题，因为期权池通常占已发行股票的 10%～20%。在 Facebook 的 A 轮融资中，该公司和风险投资者同意分摊期权池的稀释。这是一个合理可行的方法。

如果这不可行，你可以尝试获得更高的交易前估值，但这也有其局限性。除非你的初创企业炙手可热，否则你可能无法获得激进的估值。

最后，你要了解的是，融资过程中涉及的不同类型的证券其估值方法是不同的。一般来说，普通股价值是优先股的10%，因为优先股有更多的权力。虽然这似乎有点儿不公平，但实际上对公司来说是有好处的。普通股的估值较低，员工和创始人购买股票就更容易，因为这样便宜得多。

10% 规则也是避免税收问题的一种方式。例如，假设普通股以每股 1 美分的股价卖给创始人。6 个月后，他们以每股 1 美元的价格卖给天使投资者。在这种情况下，美国国税局会觉得最初的估值太低了，创始人可能需要支付巨额税款。对普通股和优先股分开估值，可以避免这个问题。

重要交易条款

不要深陷投资条款清单的条款中难以自拔，许多条款其实并不是特别重要，而且浪费时间。在进行融资时，你要保持冲劲，迅速完成交易，以便企业进入下一个发展阶段。

速度很重要，因为筹资环境可能会立即冻结。以贝宝为例，在 2000 年 3 月，该公司的 CEO 彼得·蒂尔火速完成了一笔 1 亿美元的筹资，因为他认为互联网泡沫即将破灭。结果证明，他很有先见之明：几天后，市场崩盘了。如果没有这笔筹资，贝宝的现金在大约两个月内就会耗竭。

存在分歧在所难免，但是投资条款清单中最重要的是优先清算权、董事会安排、反稀释、购买参股权以及领售权等条款。接下来我们就每一条进行详细解读。

优先清算权

当发生清算事件（如收购）时，优先清算权赋予投资者优先权。最基本的是**1 倍优先权**，这意味着在其他所有人获得任何现金之前，投资者就可以拿回 1 倍的投资回报。

这是个合理的条款。可以通过一个例子来具体了解一下。杰克（Jack）为他的初创企业筹集了 500 万美元。几个月后，他感到无聊，停止了经营。他卷走了一大笔钱，因为他持有绝大部分的股份。这听起来很可怕，但是完全合法。

由于这种情况可能发生，你又别无选择，只能接受优先清算权。即使是 Facebook 也不得不这么做。

庆幸的是，你可以减轻该条款带来的影响。如果投资者要求 2 倍、3 倍甚至 4 倍的优先权，你就要努力驳回这个要求。2～4 倍的优先权意味着纵使你的企业很成功，你也会以一无所有而告终。

例如，假设你获得了 1000 万美元的投资，但有 3 倍的优先清算权。如果收购额是 3000 万美元，所有 3000 万美元就都被投资者得了。最后，你就成了雇员，而不是创业者。

风险投资者甚至可能会尝试利用**参与分配权**来攫取更多，他们也能通过参与分配权获得一部分收益。再举个例子，假设你为公司筹集了 1000 万美元，但投资者获得了 1 倍优先清算权和参与分配权，他的所有权比例为 30%。

一年后，该公司以 2000 万美元的价格出售。投资者拿回

1000 万美元，再加上剩余金额的 30%，即 300 万美元，剩下的 700 万美元给其他股东。

你也看到了，参与分配权条款会分走一大笔交易收益。如果可以的话，尽量从投资条款清单中删除这一条。

如果实现不了，那就尝试设置一个上限。例如，你们可能会达成优先清算权和参与分配权的金额不得超过初始投资的 2 倍的协议。

在 A 轮融资阶段，很容易察觉到优先清算权和参与分配权带来的影响。但是，随着 B 轮和后续几轮融资的进行，计算可能就变得复杂了，因为可能会有多项优先清算权和参与分配权。因此，用一个电子表格对众多的方案进行测试是个好主意。你可以使用**股权结构表**（也可以缩写成 cap table）进行测试。这个表格列出了公司的所有股东，从而很容易看出不同变化对于股权比例的影响。你的律师会提供这样一个表格。

董事会安排

所有常规股份有限公司都有董事会，成员为 3～10 人。他们经常会每隔一两个月聚在一起审查公司的进展，对战略决策进行衡量评估。

但董事会不仅仅提供建议，还拥有很多权力，可以任命和解雇 CEO。这就是为什么风险投资者会就董事会席位进行激烈谈判，以获得尽可能多的权力。

扎克伯格认为，应该不惜一切代价避免这种事情发生。为了实现自己希望Facebook成为全球巨头的愿望，他知道自己必须保持对董事会的控制权。成为全球巨头意味着要忍住不进行广告交易，拒绝雅虎这类公司的大规模收购和推迟IPO。

扎克伯格还有个优势，他可以从肖恩·帕克那里获得宝贵的意见。帕克被踢出了他创立的Plaxo，就是因为他对董事会没有足够的控制权。他还被踢出了Napster！

为了避免Facebook发生这种结果，帕克建议扎克伯格通过公司治理结构设置，让他有权任命5个董事会席位中的3个。另外2个席位分别是出了名的对创始人友善的彼得·蒂尔和Accel的合伙人吉姆·布雷耶（Jim Breyer）。

直到2008年6月，扎克伯格才选了一位外部董事会成员：马克·安德森。在20世纪90年代中期，安德森用网景浏览器点燃了互联网革命。扎克伯格立即非常信任安德森，因为他经受了一个20几岁的天才所面临的挑战，有切身经验。

然后，2009年3月，扎克伯格又引进了另一位关键的董事会成员：**华盛顿邮报**CEO唐纳德·格雷厄姆（Donald Graham）。他们成为好朋友，并有着深刻的共同认识，那就是建立一个持续发展的公司的重要性。

这其中的教训，就是做事情不要急于求成。过于急躁，只会使得事情变得更加复杂，甚至导致失控。花时间了解潜在的董事会成员，深刻体会他们对一些重大问题的思考。

一些风险投资者可能会要求在董事会中占有一个观察员席位。这很诱人，因为你并不会损失任何权力。但你还是应该说“不”，大多数情况下，观察员只会让董事会成员在会议上分心。

在薪酬方面，董事会成员通常会收到股票期权而不是现金，还有旅行和自付费用的报销。但是千万注意，报销必须**合理**。你应该不想为风险投资者的喷气式飞机支付燃料费用吧！

反稀释

遇到**估值下调**（down round）是很可怕的。当下一轮融资的估值较低时，就会发生这种情况。现有股东通常会受到打击，员工和创始人也会感到很痛苦。关键人物还会决定离开，让事情变得更加糟糕，使整个企业面临风险。

风险投资者预测到这种可能性，会提供所谓的反稀释条款作为保护措施，但问题是创始人和员工并没有得到这些保护。

尽管这似乎是不公平的，但并不重要，反稀释条款是投资条款清单的标准内容。

然而，还是有办法减轻估值下调带来的不良影响的。想要知道如何做，你需要了解不同类型的反稀释条款。

最严重的是**完全棘轮条款**（full ratchet），该条款触发后，公司要向现有投资者发行新股，同时前一轮融资的价格降至与本轮相同。结果是大量稀释创始人的股权。如果这种情况发生，创始人最好离开。估值下调已经大大打击了大家的信心，投资者可能希望你离开。

另一种反稀释条款是**加权平均条款**（weighted average approach）。这涉及一个复杂的方程，要结合更低的股价和新发行的股份数计算。基本上，它减轻了稀释对创始人影响的严重程度。程度的大小取决于公式，主要有两种形式：广义法和狭义法。这其中涉及的数学知识本书就不一一介绍了，但作为一般规则，广义法最适合创业者，这一方法虽然有弊端，但可接受。

购买参股权

在大多数情况下，你希望现有投资者参与接下来的几轮投资，因为这可以证明他们对企业有信心，也有助于持续性。怎样强调你的投资者是企业成功的关键合作伙伴都不算过。

为了鼓励未来的投资，你可以在投资条款清单中添加购买参股权条款。如果投资者不投资，优先股就会转换成普通股。这意味着投资者失去了关键优势，如优先清算权和反稀释条款。

你可能在最初的投资条款清单上看不到继续参与条款，

这就要靠你提出来并强调它在交易中的重要性了。你可以这样说："你们难道对企业的长期前景不感兴趣吗？为什么不投资接下来的几轮？"

如果还有阻碍，你需要重新考虑投资者。当企业遇到困难时，他们还会在吗？

尽管如此，购买参股权条款可能不适合天使投资者。他们用的是个人资金，可能不希望感觉到有义务继续对企业进行投资。出于尊重，你可能希望把这一条款从天使投资轮的投资条款清单中移除。

领售权

领售权（drag-along）要求创始人和其他主要股东投票赞成公司的重大交易，如出售或兼并。这一条款导致了自我实现预言（self-fulfilling prophesy）的实现。例如，假设 XYZ 公司向 ABC 公司投资 1000 万美元，并有 3 倍的优先清算权。然后微软来了，为公司提供了 2000 万美元。因为其他投资一直滞后，风险投资者希望其投资组合能快速获得回报，因此同意了这笔交易。如果有领售权，其他人也必须这样做，但问题是其他所有的股东什么都得不到。

换句话说，创始人应该为此努力谈判。请记住，扎克伯格在融资中没有领售权条款。

如果你不能完全剔除该条款，有一些办法可以弱化它。

方法之一是需要获得多数普通股股东的认可。如果投资者抱怨，那么就说优先股股东有权选择转换为普通股。

另一个有用的条款是要求对交易进行最低估值，有些像 2 倍优先清算权。

次要条款

现在我们来看一看次要的条款。你要为这些条款施加一些阻力，但不必花太多的精力，把时间留给前面讨论的那些条款。

转股权

这一条款涉及从优先股到普通股的转换。其中一种方法是选择性转股权，优先股股东有权转换其股票。通常情况下，这是为了最大化从优先清算权中可获得的价值而进行的。

要了解这一点，我们需要来举个例子。假设 ABC 公司投资 1000 万美元到 XYZ 公司，并得到 20% 的股权。优先股有 1 倍优先清算权，但没有参与分配权。

几年后，XYZ 公司以 1 亿美元出售给 Facebook。清算时，ABC 公司只得到 1000 万美元。因此，更好的方式是转换优先股，换成 20% 的普通股，也就相当于 2000 万美元（这就是公认的**转换原则**）。

在某些情况下，有强制性转股权。也就是说，转换是由于特定事件（通常是 IPO）的发生而产生的。上市公司只拥有普通股会更加清爽。

强制性转股有门槛金额，这是公司在公开募股中需要筹集的最低金额。对初创企业来说，重要的是把门槛设置得尽可能低。例如，如果要转换 1 亿美元，投资者就有能力通过谈判获得更好的条款或更多的股权。但如果这个数额是 2000 万美元，就会自动转换，因为大多数 IPO 筹集的资金都超过了这个数额。事实上，如果金额低于 5000 万美元，你应该不会有强制转换条款的问题。

赎回权

有些公司被称为“僵尸企业”，这意味着它们几乎没有增长潜力。在这种情况下，风险投资者没有什么机会看到太高的收益。

但他们可能想要把钱拿回来，可以通过股份**赎回权（或称为卖出）**实现，这一条款允许投资者要求公司在一段固定的时间后回购股份。尽管如此，赎回权可能仍然没有用，因为公司手头可能没有足够的现金回购股份。

如果你不能在投资条款清单中移除赎回权条款，就应该推迟时间期限，例如推迟到 5 年或更久，也不应将其与“重大不利变化”条款（指发生重大事件时，如地震或恐怖事件）相关联。将股票赎回权限制为初始投资金额很重要，这样不包括股息。

股息

股息是公司派发给投资者的现金。初创企业有这么一个条款看起来很奇怪。股息应该来自公司的利润，但初创企业可能还没有利润呢。

有些股息是可以**累积**的。意思是，如果公司没有分红利，会在储备账户中累积。在支付这些股息之前，其他投资者都拿不到报酬。你一定要反对累积股息。

非累积股息意味着董事会必须宣布分配股息。否则，这一年就不会支付股息。没错，非累积股息更好。

排他性条款

从法律的角度来看，投资条款清单是无约束力的，交易双方都可以在任何时候不用负任何代价放弃交易。

但这种事不可能发生。在投资界中，声誉至关重要，风险投资者可不想被人知道自己会公然逃脱。同时，创业者也不想被当作古怪的人。毕竟，最有可能的情况是，他们还要继续筹集资金。

风险投资者希望把投资条款清单中的一些条款捆绑起来，其中一个就是**排他**性条款，这一条款禁止创始人在达成协议后积极寻找另一张投资条款清单。

风险投资者可能会努力把期限设置在 90 天以上，但你应该让它不超过 30 天。

保护性条款

这些都是投资者的否决权。董事会说些什么并不重要，股东投票也不重要，保护性条款总是胜过一切。

某些标准条款可能无法协商，例如：

- 出售公司。
- 修订公司注册证书或章程。
- 变动经授权的优先股和普通股的总数。
- 发行优先于现有优先股的新证券。
- 赎回优先股或普通股。
- 支付股息或任何现金分红。
- 董事会人数变动。

但有一些条款你可以拒绝：

- 改变业务重点。
- 聘请或开除总裁。
- 与总裁或董事进行交易。
- 承担一定限额的债务。

登记权

对初创企业来说，根本不值得就这个条款进行谈判。这一条款赋予投资者在公司申请 IPO 时对其股票进行登记的权利，但 IPO 可能在四五年里都不会发生。Facebook 在成立 8

年后才上市。

如果投资者花费很多时间在登记权条款上，这表明他们不了解初创企业的微妙之处，投资者最终可能不适合你的企业。此外，难道你想为不重要的问题付法律费用吗？

创始人的活动

许多创业者在企业外还有其他商业活动，这些可能包括天使投资、业余项目或董事会席位。

这些活动不一定是问题。如果有这些活动的话，可能是获得更多经验和扩大人脉的好办法。

但有些投资者可能会担心创始人的注意力不能集中，创始人会不会在外部活动中花费太多时间？会不会有利益冲突？

"创始人活动"条款设定了一些一般性指导原则。和任何谈判一样，要坦然诚实。如果你打算继续进行这些外部活动，请务必向投资者披露。你不会希望这在将来成为争议的来源，这可能会损害企业及你与投资者的关系。

转售限制

在不久以前，这个条款还没有得到很多关注。但现在，由于二级市场，例如 SecondMarket 和 SharesPost 的出现，这个条款变得重要了。这些二级市场是在线交易平台，允许投资者和员工将股票出售给企业外部的投资者，即使股票还没有公开交易。

企业可能希望对潜在买家设置限制。你也不想有员工向竞争对手出售股票吧？或者如果员工套现大量股票后，没有什么动力为这一企业工作了呢？这些都是实实在在的问题，投资者要试着直接面对这些问题。

对此，也许最好的方式是**转售限制**或**优先受让权**（right of first refusal，ROFR）。这一条款赋予公司以目前的估值购买股票或者选择自己的买家的权利。Facebook 就是这样做的。例如，其中一个获得批准的买家是 Digital Sky Ventures。

就转售限制进行谈判很难。不过，这一条款能有效避免未经管理的证券出售打乱企业的发展。

风险投资者也可能要求签订共售协议。这意味着如果创始人想出售股票，其他投资者也可以这样做。这是一个标准条款，不一定会给公司带来损害。因此，没有理由浪费时间就此进行谈判。

知情权

本条款表明谁有权检查企业的财务状况和其他重大披露信息。投资者总会要求这个权利，这不是个重大的谈判问题。他们应该有权了解投资进度，对吧？当然应该。

但有一个漏洞。随着二级市场的出现，一些小的外部投资者可能会获得股份。在这种情况下，最好限制他们获取企业敏感信息的能力。

尽职调查

一旦投资条款清单已经签署，下一步就是汇总各种法律文件，如股东协议。与此同时，投资者也要对企业进行尽职调查。

对初创企业来说，尽职调查往往相当快速并且简单，通常没有太多的经营历史需要审查。

尽管如此，你仍需要向潜在投资者显示你经营的是一家无不良记录的企业。确保企业的所有事务井然有序。一些主要的事情，包括设置创始人股份行权方案、签订发明（转让）协议、全面审查合同以及在特拉华州注册为常规股份有限公司。

尽职调查过程是侵扰性的，可能会令人感到不舒服。没错，可能有些事情你不希望投资者知道，但不要隐藏，这些事情最终会暴露出来。隐藏的问题可能不会影响融资，但可能带来不信任，导致估值较低。

总结

正如你在本章中所看到的那样，筹资谈判过程并不容易，需要强大的谈判技巧，要对投资条款清单的关键内容非常了解。拥有高素质的团队会有巨大的帮助。下一章将讨论通常没有得到足够重视的事情：走向市场策略。即使你拥有世界上最好的产品，如果你的潜在客户不了解它，也不行！

第7章

— *Chapter7* —

走向市场

其实谷歌都是靠用户帮助我们进行营销。我们的很大一部分用户常向其他人推荐我们的搜索引擎。

——谢尔盖·布林（Sergey Brin）

只要你的产品使用起来超级简单并能立刻给用户带来高价值，产品本身就能成为极好的推销工具。用户通常都会替你的产品做宣传，为你带来越来越多的增长。

但只有这些还不够。要实现突破性增长，企业必须解决分销这一棘手问题。然而，很多创业者不太关注这一问题。

马克·扎克伯格一直都了解分销的重要性，他所有的应用程序都涉及某种程度的共享，这极大地提高了采用率。

扎克伯格还采用了创造性方法为增长提供超强动力。其中一个别出心裁的策略是允许新成员从他们的 Hotmail、雅虎和 Gmail 账户中导入联系人，这一策略的成本几乎为零。Facebook 还根据标记照片来帮助尚未注册的用户建档，称之为**灰色档案**。这又是一种让这些人更容易成为真正会员的方式。这一切努力带来了累积效应，使 Facebook 能采取迂回战术绕开像聚友网这样的对手。

本章着眼于一些可以用来推动产品分销的主要策略，但这并不是说你就应该使用所有这些或其中少数几个策略。请注意，产品一般都有个首选的分销机制，你可能需要进行几次试验，才能找出适合自己的最佳方式。

两种市场

早在2005年，钱·金（Chan Kim）和勒妮·莫博涅（Renée Mauborgne）就出版了一本富有开创性的著作——《蓝海战略》（*Blue Ocean Strategy*）（哈佛商业评论出版社，2005年）。蓝海战略的前提是拥有开辟新市场的大好机遇，同时，这一市场几乎没有竞争，客户需求又明显没有得到满足。太阳马戏团（Cirque du Soleil）是书中列举的例子之一。该公司把歌剧、芭蕾和马戏元素融为一体，打造了一个全新的高利润表演类别。

Facebook也是抓住蓝海机遇的一个例子。虽然Facebook不是社交网络领域的首家公司，但只有Facebook把握好了两件关键的事情。第一是时机。Facebook面世时恰逢世界已经做好了准备：创建一种在线身份，并公开和好友分享状态更新、照片和视频。Facebook还意识到了着重于少数几个主要功能的至关重要性，其中包括动态信息、照片标签和开发者平台。

如果一家企业能有效地实施蓝海战略，结果就可能会让人大吃一惊。这家企业根本就不需要走向市场策略了，因为人们的口口相传就能让它一飞冲天。这也是为什么彼得·蒂尔在早期阶段给扎克伯格的一句著名忠告是："别搞砸了。"

问题是蓝海机遇极为难得。一般的方案是进攻现有市场，然而，现有市场通常都被已站稳了脚跟的几家企业主导。

那么，一家小企业怎样才能像大卫杀死巨人歌利亚一样赢得这场竞争呢？你要采用一种方法来颠覆市场。没错，这一观点在另一本具有颠覆性意义的书中已经阐明。这就是克莱顿·克里斯坦森（Clayton Christensen）的《创新者的窘境》（*The Innovator's Dilemma*）（哈佛商业评论出版社，1997 年）。他的战略非常直截了当：关注大企业不在意的低端市场。新兴企业可以通过灵活和创新把市场变得有利可图，然后可以把低端市场当成进入高端领域的跳板。

Yelp 就是个例子。Yelp 的联合创始人杰里米·斯托普尔曼（Jeremy Stoppelman）和拉赛尔·西蒙斯（Russel Simmons）坚信，价值几十亿美元的黄页业务很容易受到冲击，但颠覆市场需要创新。他们在研究市场前景时，发现在选择餐厅或服务提供商时，客户会信赖自己所信任之人的推荐，所以为什么不让大家在网站上发表评论呢？

这个想法很高明，但是 Yelp 没有立刻着手建立全国性的平台。他们想从旧金山开始，把重心放在夜总会领域。在黄页行业看来，这种方案是在浪费时间，没有多少赚头。但对 Yelp 而言，这一举措使之改进了业务并打下了坚实的基础。

请注意，当黄页行业开始注意到时，Yelp 已花了好几年时间获得了市场牵引力。这是颠覆市场的典型方法，即使新方案好得多，要改变消费者的习惯仍是件煞费苦心的事。要获得进展，创始人需要不断强调使命，并公开否定现有企业的不端行为。然而，最终，这可能是打造价值 10 亿美元企业的有效方式。

在这一章，我们接下来会分析一些走向市场的策略。无论你的企业是在寻求蓝海机遇或计划颠覆市场，这些策略都会对你有所帮助。但在此之前，我们先来看些营销的基础知识，这些知识对建立持续经营的企业非常重要。

关键营销指标

20 世纪 90 年代，互联网热潮风起云涌，许多企业在营销上花费了大量资金。像 Pets.com 之类的公司，赞助了一些大型活动，在网络上大肆宣传，甚至制作了“超级碗”广告。虽然这些努力带来了大量流量，但事实证明，这些努力本身无利可图。当风险资本市场破灭时，数千家网络公司化为乌有。

营销确实不是一门精确的科学，肯定会有开支浪费，这也是事实，但是初创企业可以利用一些基本概念来提高成功的概率。

核心在于知道如何进行衡量。其中一个指标是客户终身价值（CLV），包括对每位用户的平均收益、毛利和平均客户流失率的衡量。这其中任何一个变量的变化都可能会对你的业务产生重大影响，但影响最大的可能是平均客户流失率。如果出现新的竞争或产品日渐式微，你会看到客户群快速流失，而这会使你的业务毁于一旦。

因此，企业要在客户保持方案上多花时间，也就是说对客户做出积极反应，同时继续对产品进行投资。

客户终身价值的大小因行业而异。消费者网站的客户终身价值可能很低，比如在 100 美元以下。另外，有些业务的客户终身价值非常高，可能是几百万美元。企业软件公司一般是这种情况。

一旦对客户终身价值有了理性的把控，你就需要衡量客户获取成本（CAC），其中多半是广告和营销成本。

一家企业要想成功，客户终身价值必须要大于客户获取成本，速度也非常重要。你要在 12 个月左右回收客户获取成本。这是一家企业拥有强悍商业模式的标志，最终也会带来强大的盈利能力。

星佳就是掌握了客户终身价值 / 客户获取成本动态规律的高手之一。在早期阶段，星佳就已经有了让人上瘾的游戏，并通过 Facebook 的动态信息功能进行病毒式传播。但星佳的总裁马克·平卡斯想让自己的公司成为业界的领头羊，这也就意味着要想方设法地促进分销。几轮融资下来，他大手笔地投资建设了核心基础架构，方便了对线上营销影响力的测试和衡量。他雇用了几位业内顶尖的线上营销专家。

平卡斯清楚地掌握了每款游戏的客户终身价值 / 客户获

取成本状况，凭借这一点，他让星佳的利润呈闪电式增长。结果证明，这就是让他的竞争对手无法匹敌的巨大优势。

请记住，客户获取成本即使不是企业利润表（profit and loss statement, P&L statement）中最高的经费支出项目，也是其中之一。正因如此，风险投资者才会想知道你是否考虑了低成本的营销和广告方案。一些常见的策略包括合作、病毒式分销、搜索引擎优化（SEO）、聚会、公关和名人效应，没错，就是名人效应。我们来详细地逐一看看。

合作

回顾历史上的一些传奇企业，往往是早期的合作关系推动了分销。微软就是一个典型的例子。20 世纪 80 年代早期，微软和 IBM 合作为个人电脑提供操作系统。这段合作关系让 DOS 成了全球标准，带来了巨大的现金流，为视窗和办公室软件这样的特许经营产品带来了资金。最后，微软的价值超过了 IBM。

另一个例子就是谷歌。虽然谷歌一直都有自己的目的地网站（destination site），但是其分销战略是和门户网站建立合作关系。关键的是和雅虎的那次合作，让谷歌大规模改进了搜索算法，而且因为搜索页面是联名的，谷歌得到了大量曝光。没错，最后谷歌的价值超过了雅虎。

因此，每个初创企业都应该重点考虑合作，这可能是成功必不可少的部分。

但合作必须有战略目的。在寻求合作之前，你需要仔细考虑哪家企业是你的理想合作伙伴。这意味着要对市场进行广泛的研究来了解哪些企业最有前景。

下一步是尽量让合作关系的建立简单容易。考虑到完成一次合作即使不花上几年，也要花上几个月，所以大企业一般都很抗拒把时间和资源花在跟小企业合作上。

为了加快合作进程，在创建基础架构时，应使之方便和合作伙伴进行直接整合。多亏有了应用程序编程接口（APIs），现在整合容易多了。应用程序编程接口也就是允许第三方接入网站或手机应用的代码模块。但应用程序编程接口可不是编好程序就行了，一定要简单好用，最重要的是，只许成功不能失败。大企业都是风险规避型的，不愿意拿苦心经营来的声誉冒险。

即使有了强大的应用程序编程接口，也仍然存在挑战。要找到一个超级合作伙伴，需要坚持不懈，并且要找到你希望与之合作的组织决策者。同时，你必须准备好做一次精彩的演讲，讲讲怎么解决风险，并展示当前的机遇。如果你能证明合作将创造新的收益，成功的概率会大大提升。

史蒂夫·凯斯（Steve Case）是位建立合作关系的大师，他把美国在线变成了上一次互联网繁荣时期的 Facebook。2000 年美国在线与时代华纳合并时，两家公司加起来总价值超过了 3500 亿美元。

但在美国在线成立早期，市场被其他大竞争者占领着，如 IBM 和 CompuServe 等。凯斯意识到，要想成功，合作对促进公司飞速发展至关重要。他把苹果公司当成了契机。

为了和苹果建立合作关系，凯斯从弗吉尼亚（Virginia）来到加州的库比蒂诺（Cupertino），在酒店里住了好几个月。他发誓不达成合作绝不离开。最后，他的决心得到了回报，事实证明和苹果公司的合作是美国在线成功的关键。

尽管如此，合作不是万灵良药。过度依赖合作伙伴可能会毁了企业。这有很多前车之鉴，如在 LookSmart 发生的事情。LookSmart 是在线搜索引擎的先驱，靠微软进行分销。问题在于 LookSmart 没有寻求收益多样化的方法。到 2003 年，微软的收益占比高达 65%。随着在线搜索营销的利润越来越高（谷歌的发展就能证明这一点），微软想拥有自己的平台。结果，微软没有续订合作协议，LookSmart 的股价大跌。从此以后，LookSmart 再也没能东山再起。

病毒式分销

所有分销策略都有成本，但有一种策略的成本非常低：病毒式营销（viral marketing）。其实，这种分销策略的成本一般接近零，原因就在于你的用户会让其他用户加入。

如果一家企业的产品是病毒式产品，那么这一产品往往会爆炸式增长，然后这家企业就不可避免地成为“大玩家”。例子包括 Hotmail、Skype、YouTube、Dropbox 以及 Facebook。

要确认一款产品是否是病毒式产品，你需要了解**病毒性系数**（viral coefficient），这个系数是受邀用户实际转化的比率。举个例子，假设一个人注册并邀请了 10 个好友，转化率为 15%，病毒性系数就是 1.5。记住，如果病毒性系数大于 1，你拥有的可能就是一款病毒式产品。

但你还需要点儿别的东西：快速的转化周期（conversion cycle）。如果用户等了 6 个月才发出邀请，那么你的产品就达不到突破性传播速度。对于一款真正的病毒式产品，用户会在注册后的 24 小时内发出邀请。

问题是病毒式产品非常少。但不要绝望，你可以做几件事给产品赋予病毒式魔力。一个最简单的方法是在网站上设置几个按钮，允许用户通过推特或 Facebook 向好友发送消息。这是不动脑子都能想到的方法。

你还可以提供推荐奖励。Dropbox 用的就是这种方法，赠送每位新用户免费的存储空间。这是个非常好的激励方式，给 Dropbox 带来了巨大的注册量。Dropbox 现在的用户已经超过了 5000 万个。

你还可能会想尝试非自动的方法，潘多拉用的就是这种方法。潘多拉的产品未必是病毒式的，但是其增长率让人难以置信。当然，潘多拉在智能手机发展初期就开发了移动产品，这点非常聪明。潘多拉还有一项非常好的服务，就是根据用户的喜好推送歌曲。还有更让人想不到的地方，就是在注册时你就会收到一封从联合创始人蒂姆·韦斯特格伦（Tim Westergren）的私人账号发来的邮件。如果你回复了，还能获得回信！这是把用户变成狂热粉丝的一种非常有效的方法。

毕竟，在注册一项新的服务时，一般收到的都是些诸如此类的信息："请勿回复此邮件。"这是对待客户该有的态度吗？

使用病毒营销技巧时，要避免任何垃圾邮件的痕迹，用户越来越反感这些忽悠人的手段。博主会在推特上提到这些方法，最后可能当成故事暴露出来。要时刻清楚，你打算怎么处理所有来自用户的信息。如果你发了电子邮件提示信息或简讯，应该让用户选择是否接受。

搜索引擎优化

在过去 10 年里，搜索引擎优化已经发展成了一项庞大的业务。其概念是通过制造大量相关内容，让你的网站链接上升到谷歌、必应和雅虎搜索列表的前面。

但要在搜索引擎优化之争中获胜并不容易，有些企业毫无道德，突破了正派的下限。正因如此，搜索引擎企业为了防止搜索引擎优化作弊费尽了心血，这些努力真的能击垮一家企业。

同时，要警惕第三方搜索引擎优化咨询企业。这些企业总是夸下海口，但不一定会兑现承诺，甚至可能采取不正当的做法。

尽管如此，搜索引擎优化却是免费分销产品的绝佳方式。秘诀是内容必须真实相关，而不是企图钻系统的空子。

如果你的业务依靠用户生成大量内容，这也会有所帮助。Yelp 无疑就是这种情况。Yelp 用户写的评论已经超过了 2500 万条，因此，Yelp 的商家简介也位于在线搜索的前列。

每入驻一座新城市，Yelp 就雇用一名当地居民做社区经理。这名经理每周要写一封电邮，还要组织活动。这些工作是让用户留下大量有用评论的基本要素。

还有个步骤，就是“脚踏实地”。初创企业往往缺少这种精神。初创企业会武断地觉得用户会自动开始生成内容，但这种期望往往是错的，想要成功，主动出击往往才是关键。

聚会

聚会对曝光产品的帮助非常大。组织聚会简单而且不用花很多钱，你可以在酒店里办一个提供免费酒水的聚会。

不要指望聚会之后用户量就会马上飙升。请记住，参加聚会的这些人可能已经是狂热用户了。

但聚会的优势是，这种活动是维系感情的一种方式，也是获取反馈和产品功能新创意的机会。征求意见会给狂热用户留下深刻的印象，他们可能会把你的产品告诉更多朋友。这种口碑营销能产生强劲的效果。

聚会时赠送礼品是个好点子。至少应该送 T 恤，这样用户才能成为企业的活广告；也可以办一个抽奖活动，抽一台 iPad 之类的。一定要拍下活动的照片，然后把这些照片挂在企业的博客以及你的推特和 Facebook 页面上。

重要的是，要对所有参加聚会的人进行跟进，向他们表示感谢并寻求反馈。

那么，举办派对怎么样，这在硅谷似乎是社交需要。我认为办派对是浪费钱财。这不过是让大家参加免费派对罢了！到了最后用户群可能还没有增长多少，而聚会提供了一个更省钱的能接触到更多人的大好机会。

公关

公关对任何企业都非常重要。公关能带来最好的曝光，因为你获得的是来自第三方的公正看法。在如今这个缺乏信任的年代，公关能在获得用户和客户方面对你大有助益。

但有个问题：获得正面的公关曝光不容易。有影响力的博客和出版物不多，至少，和数千家寻求报道的初创企业相比，记者和博主并不多。

作为福布斯网站（Forbes.com）的一名博主，在公关工作方面，我的一些看法可以帮助你。我的建议大多很简单，例如你的网站需要一个新闻版块。在访问一家企业的网站时，我首先看的就是这个版块。在写这家企业的报道之前，我想知道还有谁报道过这家企业，然后了解一下这家企业与众不同的关键点有哪些。但很遗憾，新闻版块往往没什么有用信息（如果有这个版块的话）。

企业也应该在自己的博客上花些心思。写写新近的发展情况，尤其是重要的合作活动和客户情况，也设法展现一下你的企业确实有市场牵引力。

CEO 定期发一发帖子也不错，但不要只发和产品相关的信息，应该发些博文，谈论行业内部迫切需要解决的问题。如果你的企业的 CEO 成了一名思潮引领者，这将会创造更多的公关机会。请记住，博主喜欢引述专家的话。

在向某位博主推介之前，要看看他们的文章。要知道，作为一名博主，最让我生气的是收到跟我从没写过的东西相关的推介。你指望我马上就开始报道新的东西？这不可能。这种推介表明这家企业没在公关上花什么心思。

还有，我经常收到用群发软件发来的乱七八糟的公关邮件。在收到开头是“**你好 { 姓名 }**”之类的推介时，我都会自动删除。

对企业进行推介时要切中要点。别发一封**倒人胃口**的电邮，记者没时间去看长篇大论。推文不要超过两三段，可以粘贴一幅截图，更好地展示产品。想提高引起某位记者或博主注意的概率，就要“**下个套**”：要有读者感兴趣的闪光点。

就像我收到过的一个推介，在标题中提到了“连帽衫的力量”。这里的连帽衫是指扎克伯格在 IPO 巡回宣传时穿的衣服。我非常喜欢这个措辞，足够吸引人，所以我联系了其公关人员。末了，我就这个标题写了篇报道。

有时候，创始人需要约束自己。通过夸大事实甚至说谎来获得关注很诱人，心态乐观没问题，对创业者来说这是必须的，但你得诚实正直。现在这个社会，谎言很容易被揭穿。

仅仅是某位记者回应了你的推介，不代表报道就是板上钉钉的事了。有时候，作者的回电只是为了初步了解情况，把你的企业当作备选方案。但有回应是个好征兆，这位作者可能会在某个时候报道你的企业。

如果某位博主写了篇负面报道怎么办？你的第一反应可能是破口大骂，但你要控制自己。如果这篇报道中有些明显的错误或误传，联系那位博主，然后把这些错误指出来。但再强调一遍，不要抱有敌意，这可能会火上浇油。

负面的媒体报道是免不了的，尤其是成功的企业。Facebook 成立之初的新闻报道并不都是光鲜亮丽的，称其只能风靡一时，并且严重侵犯隐私的文章，随处可见。

但是，媒体的关注其实是件好事，这正表明了读者对 Facebook 感兴趣，也给了作者继续报道 Facebook 的理由。扎克伯格很快察觉到了这一点，因此他没有反驳负面报道。这需要有强大的内心，但绝对是制胜之道。

名人效应

某些业务能够从和名人的关系中受益良多。请记住，让好莱坞明星使用自家产品是推动推特成长的关键，Facebook也是如此。

如果你的企业关注消费者这一方，尤其是时尚界或娱乐圈里的消费者，试着拉名人入伙。好几家企业都这么做过，他们成功搭上了夏奇拉、威尔·史密斯、蕾哈娜、Jay-Z和Snoop Dogg。

当然，阿什顿·库彻（Ashton Kutcher）利用名人效应成了互联网大亨，他的名人效应已经成了像Fab.com这类公司成功的主要因素。

总结

这一章只涉及了一些可能会用到的走向市场策略的皮毛。这是个高度专业化的话题。其实，初期时你应该聘请一位营销专家。

下一章将着眼于财务问题，这些问题可能有些无聊，但你需要了解其中的核心原则，也就是说要看得懂利润表、资产负债表和现金流量表，这些对企业的早期成功非常重要。

第 8 章

— *Chapter8* —

财务

企业的一切运营活动归根结底就是三个词：人才、产品和利润。

——李·艾柯卡（Lee Lacocca）

注重数据是成就 Facebook 的一个关键因素。从创业初期开始，马克·扎克伯格就把开发追踪多项指标的系统列为优先考虑事项之一。追踪的指标包括日常活跃用户量、网站浏览时长及移动流量等。

但是，要使数据具有意义，就必须与财务联系起来。为此，扎克伯格也一直注重创建高度完善的财务报告体系。有了这个体系，对流量进行货币化就更容易了，也更容易满足上市公司严格的合规性要求了。这就是扎克伯格不得不学习如何分析解读财务报表，并理解利润率等重要概念的原因。

本章通过分析 Facebook 的财务状况来介绍这些内容。

会计学基本原理

会计学的基础知识可以一直追溯到意大利文艺复兴时期。当时，卢卡·帕乔利（Luca Pacioli）提出了复式簿记（double-entry bookkeeping）体系，其前提是每笔交易需要在两个账户上以相等金额进行登记。举一个现代的例子，如果你为企业购置一台服务器，那么你就需要在财务报表中增加资产金额的同时，从现金余额中减少相等数额。这是为什么？是为了避免记账差错。假如两栏数字不对等，那么肯定有问题。

自帕乔利时代以来，会计行业已有了很大的进步。我们不妨来看一看星佳公司的例子。星佳开创了一种销售社交游戏虚拟商品的商业模式，但对收入怎么入账并没有相应的规定。是在玩家购买时确认收入，还是根据玩家在整个游戏期间消耗的比例进行确认？为解决这一问题，星佳公司必须利用其最佳的判断力，并寻求公司审计员的帮助。

"公认会计准则"（GAAP）是会计的重要一环，包括了一套广泛的会计准则，由美国证券交易委员会、美国注册会计师协会（AICPA）、财务会计准则委员会（FASB）和公众公司会计监督委员会（PCAOB）等权威部门制定。

公司在上市之时，必须按照公认会计准则报告其财务状况，但也可以选择添加其他衡量指标，即拟制形式指标（pro forma metrics），可由管理层酌情决定。一点儿也不用奇怪，管理层会忍不住添加各种指标来提高公司的盈利能力。

一个常见的指标是息税折旧及摊销前利润（EBITDA）。这一指标也可能会产生些变化，即调整后的息税折旧及摊销前利润。调整的理由是，某些项目应该被排除在收入之外，因为这些项目不是公司的主要经营业务（例如，利息收入），也不是本期现金支出（折旧）。

然而，这些会计游戏不过是自讨没趣，尤其在专业投资者可以看到真实状况时，管理层为什么还要耍这些把戏呢？在使用拟制形式指标方面最著名的一个例子也许是高朋网。在其提交的 S-1 文件中，该公司凸显了自己的会计创意：调整后的部门合并营收（CSOI）。除了拗口以外，这个词也成了 IPO 投资者的主要争议。尽管营销和客户获取成本对公司的商业模式至关重要，调整后的部门合并营收却将这些费用排除在外！

美国证券交易委员会最终要求高朋网在其 S-1 文件中弱化这一指标。令人尴尬不已的是，高朋网上市后，不得不重新报告第一季度的盈利状况，致使股价下跌了 70%。

Facebook 则另辟蹊径。公司在提交 IPO 申请时，并没有采用花哨的指标，相反，只发布了公认会计准则要求的数据，既有利于投资者看懂，又有助于提高信誉，于是很顺利地通过了美国证券交易委员会的审批程序。

对创业企业来说，创新对创建突破性企业是十分重要的，但将创新用到会计问题中则是个糟糕的策略。

保守主义

会计准则大多强调保守策略，其中的一个概念是**历史成本（也称原始成本）**。为了理解这一点，我们来举例说明。Facebook 在购置一台服务器时，须按照设备的购置成本入账，即便公司以远低于其价值的价格买下了这台服务器也无关紧要。

可是，历史成本这一方法具有误导性。就拿 Facebook 来说，5 年前为公司总部购置土地花费 1000 万美元。而随着地价疯涨，现在价值 1300 万美元。尽管如此，这块地也必须维持其历史成本，Facebook 不能在财务报表上提升其价值。这是条铁律。

另一条重要的会计准则是**应计法**（accrual method）。应计法包括相互交织的两部分。首先，企业必须在收入产生时而不是在收到现金时就予以确认。假如 Facebook 已从星佳公司产生 100 万美元的销售收入，即使要到月底款项才能到位，这也算是一笔销售。

其次，企业必须在费用产生时予以确认，而不是在现金支出时。例如，假设 Facebook 同意用 50 万美元购买软件，此时，费用就产生了。

应计法看似复杂难懂，但有其合理性，是**配比原则**（matching principle）的部分内容。配比原则规定，企业必须报告与收入有关的所有费用，这样做便于掌握一家企业的整体进展情况。

没有配比原则，企业财务状况通常会一团糟。设想一下，Facebook 预付了 6 个月的租金，却将其全部确认为本月的费用，这说得通吗？肯定不能！这样做只会留下错误的印象。正确的做法是，在 6 个月里根据房产使用情况对费用进行确认。

利润表

利润表以收入开始，然后扣除各项成本，结果就是盈利或亏损。虽然盈利能力不是初创企业要考虑的因素，但在企业发展壮大尤其是上市的时候，这会是一个关键因素。在 2011 年，Facebook 的盈利高达 10 亿美元，而在 2009 年仅为 2.29 亿美元。

利润表涵盖一段时间内的活动，如一季度或一年。Facebook 的利润表展示了公司从 2009 年至 2011 年以及 2011 年和 2012 年这两年的第一季度在收益上的突破性增长，如表 8-1 所示。

表 8-1　Facebook 的利润表

	年末（12 月 31 日）			季末（3 月 31 日）	
	2009 年	2010 年	2011 年	2011 年	2012 年
（以“百万美元”为单位，每股的数据除外）					
主营业务收入	777	1 974	3 711	731	1 058
成本与费用：					
主营业务成本	223	493	860	167	277
营销与销售费用	115	184	427	68	159
研发费用	87	144	388	57	153
一般管理费用	90	121	280	51	88
成本与费用合计	515	942	1 955	343	677
营业利润	262	1 032	1 756	388	381
利息及其他收入（支出）净值	（8）	（24）	（61）	10	1
备付所得税税前收入	254	1 008	1 695	398	382
备付所得税	25	402	695	165	177
净收入	229	606	1 000	233	205
每股收益					

（续）

	年末（12月31日）			季末（3月31日）	
	2009年	2010年	2011年	2011年	2012年
基本每股收益（美元）	0.12	0.34	0.52	0.12	0.10
稀释每股收益（美元）	0.10	0.28	0.46	0.11	0.09

当你看这张表格时，注意数字以百万美元为单位，这样更容易理解。有些数字带括号，表示负数。

那么，现在我们来深入了解利润表上的项目。

主营业务收入

主营业务收入或**销售额**是指公司从产品销售或服务提供中获得的总收入，因为列在表的顶部，所以也被称为**顶线**（top line）。在某些情况下，你会看到**净销售额**，是用总销售额减去一些项目，如折扣额、促销额和退货额。

Facebook的收入的82%来源于广告，其余则来自向提供支付服务（主要面向星佳这类社交游戏合作伙伴）的信用（Credits）平台所收取的费用。从2010年到2011年，虚拟商品用户数从500万个上升至1500万个。

即使在大多数国家可以使用Facebook，但其主要收入仍来自美国，其他的主要来源包括西欧、加拿大和澳大利亚。在另一个国家构建基础设施通过网站赚钱需要花费相当多的时间和资源，这就是在印度这些国家或地区的主营业务收入低的原因。即使网络流量一直在快速增长，却几乎没有基础设施来投放广告。然而，在接下来的几年里，Facebook 会给予必要的投资，把巨大的创收机会利用起来。

理解主营业务收入可能会受季节因素的影响也很重要。由于如天气、预算决策和行业惯例等因素的影响，有些季度的收入比其他季度更高。2012 年，Facebook 注意到，由于季节因素的影响，第一季度相对较弱。对于大多数基于广告的企业而言，这段时间通常活跃度最低。

可能在前几年，季节因素并不是个问题，因为 Facebook 当时正在以惊人的速度增长。可当其主营业务收入达到 40 亿美元时，季节因素成为一个现实问题了。当企业开始走向成熟时，增长速度放缓是很自然的事情。

主营业务成本

主营业务成本包括与企业产品交付直接相关的所有费用。于 Facebook 而言，包括数据中心、设备、带宽、能源、加工费和维护等成本。

其中，能源难以控制。这就是为什么 Facebook 将数据中心设在发电厂附近或者气候寒冷地区，要知道，冷却服务器的费用是昂贵的。

毛利润

毛利润是主营业务收入减去主营业务成本。投资者使用毛利率来分析这一数值

毛利率＝毛利润 / 主营业务收入

你会希望这个数值在 50% 以上，因为这意味着企业有更多的利润空间。截至 2012 年第一季度，Facebook 的毛利率为 73.4%，这很引人注目。

毛利率随着时间的推移而提高是很重要的，它表示了商业模式的杠杆作用，而且毛利率是盈利能力的关键来源，可以推高估值。微软和谷歌等公司就是如此。这也是风险投资家经常谈及毛利率的原因。

营销与销售费用

就商业广告而言，Facebook 从未有过“超级碗”广告或电视广告。由于其自身强大的品牌和全球知名度，除举办会议和活动外，几乎没有必要进行大规模营销活动。这对公司来说是个巨大的优势，使公司能够获得丰厚利润。

在销售方面，Facebook 已经建立了一个自助式广告平台，这一平台也为公司节约了成本，但公司不得不加大对顶级销售人员、业务发展人员及客户代表的招聘力度。顶尖品牌不会满意于自动化广告系统，而是想要听听明智人士的建议，因为他们能开展引人注目的营销活动。为此，Facebook 在全球设有 30 个销售办事处。

研发费用

这项费用主要包括工程师和计算机科学家的薪资、福利和股票薪酬。Facebook 一直在积极招聘，不仅有产品开发人员，还雇用了在数据挖掘和个性化定制技术、内容交付、媒体存储和服务、配电和广告技术等领域有经验的从业人员。

雇用这些人可不便宜。在某些情况下，顶尖的工程师可以获得数百万美元的薪酬待遇。

因此，Facebook 的研发费用大幅增加。从 2009 年到 2011 年，其成本从 8700 万美元增加到 3.88 亿美元。

一般管理费用

这方面的费用是**间接成本**。也就是说，无论整体销售情况如何，这些费用都会保持不变，至少在短期内是不变的。管理费用包括财务、法律和人力资源等职能领域的成本。

净收入

这是一个企业的**底线**（没错，因为净收入在利润表的底部）。表中的正数是盈利，负数是亏损。公司计算其每股收益（earnings per share，EPS）的公式是

每股收益＝净收入 / 已发行股票数

已发行股票数可以是已持有的或者是稀释后的（假设所有期权和认股权都已行使）股份数量，但因为快速成长的科技公司通常会高度行使期权和认股权，所以最好关注稀释后的股份数。

一旦你得出每股收益（EPS），就可以算出市盈率（PE）

市盈率＝股价 / 每股收益

这个指标可以用来对公司进行大致估值。一般来说，一家热门科技公司的市盈率高达 30 或 40，甚至在 40 以上，因为投资者为增长支付了额外费用。但这也造成了股价的波动，要知道，即便是增长率小幅下滑，也可能对股价造成打击。这一情况已在星佳、高朋网、Yelp 和潘多拉等上市公司发生过了。

然而，市盈率这个指标有诸多缺陷，其中最大的缺陷也许是该指标使用的是历史数据：基于过去 12 个月的收益算出。所以投资者可能会改用远期市盈率

远期市盈率＝价格 / 未来 12 个月的预期收益

如果一家公司有亏损（科技公司的家常便饭），那么这些指标是没有意义的。此时该怎么办？投资者往往会考虑市销率（price-to-sales）

市销率＝市值 / 销售额

市值（market capitalization 或者 market cap）是股价乘以已发行股票数，本质上反映公司的总价值。

市销率是比较两家公司价值的一个好方法。例如，如果高朋网的市销率为 5，LivingSocial 的市销率为 3，那么高朋网会获得估值溢价。

当然，华尔街也会观察其他指标，但在大多数情况下，其侧重于盈利和主营业务收入的增长。正因为如此，一家公开交易的科技公司经常要公布其下一季度及全年的预期

盈利和主营业务收入。这有利于减少股票价格的波动，因为投资者能更清楚地看到公司的发展势头。华尔街是讨厌意外的。

但是，像 Facebook 和谷歌这些公司并不能给我们提供什么指导原则。这些公司的观点是，应该专注于长期增长，而不是每个季度的结果。这种做法在华尔街是相当罕见的，只有大公司才能这么做。

资产负债表

资产负债表包括企业的资产、负债和权益。我们应该总是按照下面这个公式来进行平衡

资产＝负债＋权益

这一公式直观地显示，为了购买资产，企业需要通过获取贷款或出售股票的方式来筹集资金。权益还包括留存收益，即利润，是购买资产的另一个关键资金来源。

像 Facebook 这样的科技型企业往往倾向于轻资产运营，其大部分价值来自超级工程师及其创建的代码，但不能将这些作为资产列在资产负债表上。尽管 Facebook 的总资产为 71 亿美元，但它的市值超过了 500 亿美元。

可以将资产负债表视为企业在某个时间点的快照，通常在季度末记录下企业的一切。你可以在表 8-2 中看到 Facebook 的资产负债表。

表 8-2 Facebook 的资产负债表 （单位：百万美元）

	截至12月31日		截至3月31日
	2010年	2011年	2012年
流动资产：			
现金与现金等价物	1 785	1 512	1 282
可交易短期证券（marketable securities）		2 396	2 628
应收账款	373	547	482
预付费用及其他流动资产	88	149	302
房产和设备净值	574	1 475	1 855
商誉和无形资产净值	96	162	189
其他资产	74	90	121
资产合计	2 990	6 331	6 859
负债与所有者权益			
流动负债			
应付账款	29	63	129
平台合作伙伴应付款	75	171	178
应计费用和其他流动负债	137	296	337
递延收入和存款	42	90	93
一年或一营业周期内到期的资本化租赁债务	106	279	302
流动负债合计	389	899	1 039
资本化租赁债务	117	398	404
长期债务	250		
其他负债	72	135	144
负债合计	828	1 432	1 587
所有者权益			
可转换优先股	615	615	615
普通股			
增加实收资本	947	2684	2853

（续）

	截至 12 月 31 日		截至3月31日
	2010 年	2011 年	2012 年
累计其他综合亏损	（6）	（6）	（7）
留存收益	606	1 606	1 811
所有者权益总计	2 162	4 899	5 272
负债和所有者权益总计	2 990	6 331	6 859

我们来看看资产负债表的关键项目。

资产

资产是企业所有的一切，如现金、库存以及房产。资产负债表中的资产按**流动性**的大小排列，资产的流动性是指资产变现的速度，流动资产可以在一年左右变现。

现金与现金等价物及短期证券

像 Facebook 这样的大公司，存款形式的现金相对较少，取而代之的是短期证券，如美国国债（Treasuries）。美国国债是类现金资产（near-cash），但收益较高。对 Facebook 这种现金余额很高的公司而言，国债收益是很重要的。

应收账款

应收账款是指企业已出售了产品或服务，但客户尚未付款，实际上就是一种资产。

企业可以将应收账款转让给保理商或者进行出售，这也是一种现金来源。初创企业这么做是很常见的，但往往由于费用巨大，所以价格昂贵。

还要记住，总会有些客户无法付款。做生意就是这样的（处理此类情况一点儿也不好玩），因此企业会对这些损失的总额进行估计，称之为**呆账准备金**。

预付资产

预付资产是指企业预先购买的物品。我们举例来说明这一点。假设 Facebook 预付了 5 个月的租金，则只能将金额的 1/5 作为利润表上当月的费用，其余的则被视为预付资产。

房产和设备

根据公认会计准则，企业必须对房产和设备（不包括土地）进行折旧处理。这意味着由于磨损和老化，企业需要降低资产的价值。

一种常见的方法是**直线折旧法**，指在资产的使用年限内定期扣除相等的折旧额。要扣多久？这取决于资产的类型。Facebook 所有的资产如下。

- **网络设备**：3～4 年。
- **电脑软件及办公设备**：2～5 年。
- **建筑物**：15～20 年。

假定 Facebook 以 10 万美元购买网络设备，如果使用 4

年，那么每年的折旧额是 2.5 万美元。

企业还可以使用其他折旧方法来加速贬值进程，这些方法可能会在第一年或第二年减少资产 25%或以上的价值。多数情况下，这些方法是基于各种税收优惠进行的。

商誉

商誉是指收购价值：购买价格减去目标企业的净资产价值。商誉在科技界是司空见惯的。

假设 Facebook 决定为一个净资产为 100 万美元的移动应用公司支付 1000 万美元，其中商誉占 900 万美元，在资产负债表中被视为一项资产。

依照公认会计准则，每年必须对商誉进行至少一次**减值**测试（这是外部审计人员的职责）。减值是一种好听的说法，是指资产价值因收入减少或老化而降低。当资产减值时，企业就要承担亏损。

负债与所有者权益

初创企业可能没有太多债务。因为没有抵押品可以抵押，银行通常会避开初创企业。

初创企业还是会有一些负债的。一种形式是**应付账款**，是欠供应商的钱。随着企业的成长，这些负债也随之增长。这就是初创企业需要不断筹集资金的一个关键原因，Facebook 也不例外。

现金流量表

现金为王。现金当然能让创始人过得更轻松些，因为现金往往意味着更高的估值，从外部筹集资本的压力也更小。

息税折旧摊销前利润通常用作企业现金流量的代理指标，但这是一个粗略的近似值，更好的方法是使用现金流量表（见表 8-3）。

表 8-3　Facebook 的现金流量表　（单位：百万美元）

现金流量表					
	2009 年	2010 年	2011 年	2011 年第一季度末，3 月 31 日	2012 年第一季度末，3 月 31 日
经营活动产生的现金流量					
净利润	229	606	1 000	233	205
调整项目（将净利润调整为经营活动产生的现金流量净额）					
折旧和摊销	78	139	323	51	110
资产报废损失	1	3	4	1	1
股票薪酬	27	20	217	7	103
股票奖励活动的税收利益	50	115	433	69	54
股票奖励活动的溢税利益	（51）	（115）	（433）	（69）	（54）
资产与负债变动					
应收账款	（112）	（209）	（174）	27	65
预付费用及其他流动资产	（30）	（38）	（31）	（26）	（28）
其他资产	（59）	17	（32）	（10）	（32）
应付账款	（7）	12	6	（3）	（3）
平台合作伙伴应付款		75	96	24	7

（续）

现金流量表

	2009年	2010年	2011年	2011年第一季度末，3月31日	2012年第一季度末，3月31日
应计费用和其他流动负债	27	20	38	6	2
递延收入和存款	1	37	49	17	3
其他负债	1	16	53	18	8
经营活动产生的现金净额	155	698	1 549	345	441
投资活动产生的现金流量					
购置房产和设备	（33）	（293）	（606）	（153）	（453）
购买短期证券			（3 025）		（876）
短期证券到期部分			516		567
出售短期证券			113		69
不可转让权益性证券投资			（3）		（1）
业务收购、取得净现金及购置无形资产和其他资产	3	（22）	（24）	（1）	（25）
限制性现金与存款变动	（32）	（9）	6	1	（1）
投资活动使用的现金净额	（62）	（324）	（3 023）	（153）	（720）
融资活动产生的现金流量					
发行可转换优先股的净收益	200				
发行普通股的净收益		500	998	998	
行使股票期权的收益	9	6	28	9	5
（偿还）长期债务的收益		250	（250）	（250）	

（续）

现金流量表

	2009 年	2010 年	2011 年	2011 年第一季度末，3 月 31 日	2012 年第一季度末，3 月 31 日
售后租回交易的收益	31		170	1	62
资本化租赁债务本金偿还额	（48）	（90）	（181）	（29）	（71）
股票奖励活动的溢税利益	51	115	433	69	54
融资活动产生的现金净额	243	781	1 198	798	50
汇率变动对现金和现金等价物的影响		（3）	3	1	（1）
现金和现金等价物的净增加（减少）额	336	1 152	（273）	991	（230）
期初现金和现金等价物余额	633	1 785	1 512	2 776	1 282

该表涵盖了对利润表和资产负债表上多种项目的调整。请注意，现金流量表有以下三个主要部分。

经营活动产生的现金流量

这一部分显示了 Facebook 从业务经营中产生的现金流。这一部分从净利润开始，然后将其调整为各种项目，其中涉及将非现金数额（如折旧、摊销和股票薪酬）加回到净利润中，然后再减去其他项目。一个关键项目是应收账款，因为 Facebook 还没有收到任何现金。

投资活动产生的现金流量

将投资部分与融资部分混淆是很常见的情况，但这二者之间有明显的差异。

投资部分包括大宗购买，通常是为购置使用年限一年以上的资产而产生的资本性支出，但这些购置减少了现金流量。同时，所有资产出售都会增加现金流量。

多年来，Facebook 为实现强劲增长，大幅增加对资本资产的投资。

融资活动产生的现金流量

这一项目说明了一家公司通过发行股票和债务产生的现金流入情况。当然，所有回购或股息都会被扣除。

于科技企业而言，融资部分是巨大的现金来源，但随着时间的推移，企业需要证明自己能够产生正向的经营性现金流。如果不能，那就表明企业的商业模式有缺陷。

总结

本章涵盖了很多内容，为大多数创业者提供了丰富的信息。了解会计语言和主要概念会有很大的帮助，不仅仅是为了获得风险投资家的信任，也是为了成功经营企业。

在下一章，我们将来看看企业的商业模式，继续探讨财务这一主题。在商业模式方面，我们有很多方案可供考虑。

第9章

— *Chapter9* —

商业模式

人类似乎天生就有些偏执，喜欢把简单的事情弄得很复杂。

——沃伦·巴菲特（Warren Buffett）

在 2012 年 2 月写给股东的信中，马克·扎克伯格无所顾忌地说道："创办 Facebook 的初心其实并非出于商业动机。我们始终将自己的社会使命、正在创建的服务以及用户放在首要地位。"

这些话你可能从未听上市公司的 CEO 说过。因为这样说他们会被解雇的！即使是谷歌这样自认为标新立异的公司也没有采取和 Facebook 一样的做法。

扎克伯格表示："简单地说，我们并非为了赚钱而打造服务，赚钱是为了打造更好的服务。"

这才是标新立异，而且效果非常好。正如你在第 8 章中所看到的那样，Facebook 这些年来发布的财务状况都很出色。

对扎克伯格来说，开发社交应用程序意味着，他要避免美国企业界普遍存在的典型现象：为了赚钱而进行攻击。要知道，他本可以轻松地在 Facebook 上发布广告，从而产生巨额营业收入。但扎克伯格意识到，这是创建一家能持续发展的企业的最糟糕做法。

看看聚友网就知道了。这家公司从一开始就专注于赚钱，而且在新闻集团（News Corp.）收购该公司后变得更加强烈了。但这最终损害了用户体验，也把公司毁了。

本章着眼于商业模式的制定策略。你将首先了解 Facebook 如何做到这一点，然后再看看其他一些已被证明是成功的方法。

Facebook 的商业模式

商业模式是指一家企业如何创造营业收入。2004 年 Facebook 推出时，其最初的设想是专注于本地广告。这很有道理，因为公司当时只有校园市场，而且毫不奇怪的是，当地的比萨连锁店和其他很酷的学生聚集场所都有大量的广告需求。分类广告也很受欢迎，因为学生经常要搬家。

然而，随着 Facebook 变得无处不在，其商业模式也逐渐发生了变化。截至目前，Facebook 主要有两个营业收入来源：广告和支付业务的交易费用。

让我们先来看看广告业务，这是主要的营业收入来源（2011 年约占 80%）。Facebook 主要有两种广告形式。一种是利用直接销售团队向大公司和广告代理公司出售广告，这些交易可能需要一段时间才能完成，而且通常需要开展复杂的宣传活动。

Facebook 还拥有自助式广告平台，允许任何一个广告主使用在线系统来管理自己的宣传活动。这主要是针对那些没有预算来雇用广告代理公司的小企业。

多年来，Facebook 把大量资金投入广告系统开发，从而使广告主从广告中获取好处，其目标是要证明投资回报率（ROI）是确实存在的。

尽管 Facebook 做出了努力，但有人仍然担心社交广告的效果不如其他形式的广告，如谷歌式的搜索引擎营销、电视甚至广播等广告。美国通用汽车公司（GM）就是这么认为的。该公司在 2012 年 5 月撤销了在 Facebook 上投放的所有广告。他们认为，其投资回报率并不令人信服。

也许其中的一个问题是，Facebook 是一个交流平台，用户登录 Facebook 是为了发表评论、更新状态和查看照片，因此可能不是最适合投放广告的平台。另外，因为广告往往会分散注意力，所以 Facebook 把广告放在了不显眼的地方，但这样做使得广告效果较差，很容易被忽视。

另一个是隐私问题。用户信息可以用于广告定向，但是对用户信息的处理会受到更多的限制，这似乎是不可避免的，而最大的问题在于政府对隐私的保护将达到什么样的程度。

Facebook 在继续改进其广告系统，其中一些努力如下所述。

- **定向**：广告主可以根据群体的人口统计学特征来投放广告。这些因素包括年龄、地点、性别、感情状况、教育背景、工作场所和兴趣。
- **社交背景**：广告主可以通过诸如给广告主的 Facebook

页面点赞等活动来吸引用户的朋友。其理念是，人们很可能看重朋友的推荐，而不是直接的广告。

- **赞助内容**：广告主可以向更多的粉丝传播信息。
- **统计分析工具**：这些工具可以实时跟踪宣传活动的情况。

尽管 Facebook 的广告收入大部分来自网站，但在 2012 年，这一情况迅速发生了变化，开始大幅度向移动流量转变，这让 Facebook 措手不及。因为 Facebook 没有合适的基础架构来通过移动流量赚钱，这导致其营业收入增长放缓。流量增加，营业收入却下降！

这并不是投资者在 5 月的 IPO 期间希望听到的消息，而是此次 IPO 反响平平的主要原因。好消息是，扎克伯格已经宣布向移动转移将成为公司的第一要务。

解决这个问题需要时间。移动广告仍处于起步阶段，广告主正在尝试各种形式，以试图了解哪种形式能带来最大的投资回报率。

这就是创业者需要对基于移动流量的商业模式保持心平气和的原因，这种商业模式可能需要几年的时间才能创造出真正意义上的收入。

还有一个要点是，任何类型的广告商业模式都需要付出大量的努力。你需要聘请顶尖人才，包括那些能够开展宣传活动的人以及能找到客户的销售人员。你还需要构建能有效投放和衡量广告印象的基础架构。这些并不便宜，但这些应该是所有风险筹资的重要组成部分。

支付业务

Facebook 的支付系统允许合作伙伴对其应用程序收取费用，其中涉及信用卡、贝宝交易、礼品卡和其他支付方式的安全处理。Facebook 对所有交易收取高达 30% 的手续费。

2011 年 7 月，Facebook 开始要求所有的社交游戏运营商使用支付系统，这使其营业收入激增。这一举动引起了开发商的争议，但他们也都明白这个平台的价值。

到目前为止，Facebook 的大部分支付收入来自星佳，但随着时间的推移，这种情况将会改变。要知道，Facebook 很可能会进入其他利润丰厚的领域，比如允许人们使用智能手机作为钱包。

对创业者来说，建立自己的支付系统是个巨大的诱惑，因为这样做意味着能更好地控制流程，通过定制化提升用户体验，但这种做法很可能是个错误的举措。支付系统的创建成本很高，需要复杂的算法和安全协议。对大多数初创企业来说，最好的办法是将这个功能外包给像贝宝这样的杰出企业。

营业收入驱动因素

早在 2003 年年初，马克·平卡斯就创办了第一个社交网络——tribe.net。该网站的访问量很高，却极难赚钱，因为它主要面向有另类生活方式的人。平卡斯尝试了不同的方法，比如收取高额订阅费，但没有任何效果。他最终把公司卖给了思科系统公司（Cisco）。

在创办下一个企业星佳时，平卡斯想尽快证明自己的商业模式是合适的。他想知道，人们是否会在游戏中购买数码产品以达到更高的游戏等级。经过几次测试，很明显，一些用户肯定会这样做，而这一测试让平卡斯有足够的信心去追求创新的商业模式。

然而，要想取得成功，他需要了解商业模式的主要驱动因素，这些都是他需要关注的焦点。

通过更多的试验和测试，平卡斯确认了一些关键因素，也许其中最重要的关键因素是日活跃用户数（DAUs）。这一指标的增长与创收的相关性最高（Facebook也是如此）。平卡斯专注于寻找提高日活跃用户数的方法，如积极开展广告宣传。在一次媒体采访中，他曾说，每当他看到人的时候，就把他们当成日活跃用户。

对商业模式进行测试并找到驱动因素，平卡斯的这个两步法对任何创业者而言都是至关重要的。使用随机方法注定会失败，就像tribe.net那样。

商业模式创新

有时，企业会创造出一种颠覆性的商业模式，谷歌AdWords就是如此。

创造出一种颠覆性的商业模式需要经过几次重复尝试才能成功。谷歌 AdWords 一开始很简单，广告主可以购买与搜索结果相关的文本广告，这些搜索结果与其他搜索结果是分开的，并被明确描述为广告。这就使用户体验更真实。

AdWords 确实创造了大量的营业收入，盈利丰厚，但是这个系统和其他互联网企业并没有什么不同。简单来说，广告主会对常见的搜索词进行竞价，而最高的出价将会获得最佳排名。然后，几年后，谷歌有了一个关键的转折点：拍卖并不仅仅是根据竞价的额度对广告进行排名，而且还考虑到了相关性。广告获得的点击率越高，排名就越靠前。这是一个巨大的突破，给谷歌带来了爆炸性的增长：广告对用户来说更有意义，这意味着广告主获得了高质量的引导[⊖]。

谷歌并没有就此止步不前。通过推出 AdSense，谷歌拓展了商业模式，允许第三方网站使用 AdWords 并获得一部分收入。Adsense 把该业务推到了惊人的高度甚至一些实力强大的竞争对手都无法赶上。

Facebook 努力开发创新的商业模式，但它也知道这是非常困难的。为了有所助益，该公司进行了大量的试验。例如，在新西兰，Facebook 测试了一个名为"Highlight"的新应用程序。该程序允许用户通过付费的方式向所有朋友发布信息。该程序在当时还处于早期阶段，但肯定可以用来衡量用户的

⊖ 即引导他人注册。——译者注

忠诚度。

商业模式的创新也可能来自收购。不妨来看一看 Facebook 在 2012 年 5 月收购 Karma 公司时的情况。该公司是一家早期的礼品社交移动服务商。Facebook 可利用社交图谱方便用户向朋友推荐礼物，这可能会为社交商务开创巨大市场。

只要是试验，自然就会有很多失败，Facebook 的试验也不例外。其于 2007 年推出的 Beacon 广告系统完全失败了，因为人们不希望他们的朋友看到自己在网上的购物情况。另外，Facebook 还力图复制高朋网的团购业务，但也失败了。

尽管如此，对商业模式进行创新还是值得努力的，这应该是个持续的过程，完善模式往往就需要几年的时间。

这并不是说你的企业必须对商业模式进行创新，许多企业用传统方法也做得很好。我们在本章的其余部分会介绍主要的传统方法。

集市模式

这是一种非常有效的商业模式。eBay 就是一个例子。eBay 最初是用来销售佩兹（Pez）糖果盒的，但事实证明，这一平台几乎什么东西都可以卖。

即使在疯狂的互联网时代，eBay 也是能获得丰厚营业收入和利润的公司之一。尽管并不需要外部资金，但该公司还是筹集了风险资本，目的是吸引像梅格·惠特曼（Meg Whitman）这样的顶级高管。

为什么集市模式能成就伟大的企业？一个关键的原因是该模式可让会员创造额外的收益。在 eBay，有些人每个月能赚几千美元；有些人则在 eBay 做全职工作。

在过去的 10 年里，也出现了其他的集市，其中最引人注目的是爱彼迎。起初，这家公司是让用户租别人的沙发来睡觉，但创始人意识到这一业务有更大的潜力：为什么不让人们把自己的公寓或住宅出租给度假者呢？这是个绝妙的想法，结果爱彼迎大受欢迎，营业收入剧增。当时，据估计，该公司（的价值）将在 2012 年超过 5 亿美元。

一旦某个集市达到临界规模，就很难被取代。历经十多年后，eBay 仍然是最大的在线拍卖网站，而且看起来，这种状态还要继续保持很多年。

有一种东西可以破坏集市：失去信任。如果用户觉得他们可能被“宰”了，那么将会是一场灾难。在 eBay 的发展早期，该公司不得不处理那些出售了物品却没有发货的会员。因此，该公司采取了多种措施来减少这种行为。一个关键措施是实施用户评级，引入同行压力。

爱彼迎也不得不处理类似的用户信任问题。在几起备受瞩目的案件中，会员的家里被搞得一团糟，珍贵的财产被盗窃。爱彼迎采取了一些措施来处理这些问题，比如，提供视频验证系统和个人财产担保（最高可达 100 万美元）。此外，还有 24 小时客户支持热线。

想要创造集市的创业者需要认清现实，这是个众所周知的“鸡与蛋”的困境：为了招来买家，你需要有人来卖东西；但为了卖东西，你又需要买家。集市模式成功的关键在于不断寻找合适的平衡点，而这需要付出巨大的努力，还要有良好的时机。

免费增值模式

免费增值模式意味着你的产品有一个功能齐全的免费版本，也有一个高级版本。正因为如此，你会更容易获得新用户。谁不想得到一个免费的产品，尤其是能提供很高价值的产品呢？

然而，这种商业模式可能会很棘手。成本结构必须要低，这样你就可以通过升级来赚钱，而升级是建立在少数用户的基础上的，典型的转化率只有 1%～5%。换句话说，你需要有一个庞大的用户群（比如，数量超过数百万的用户）来使免费增值模式产生效果。像领英、Evernote、潘多拉和 Dropbox 等公司就是如此。

一旦有了付费用户，就需要确保你能提供强大的持续支持与创新。如果不能的话，你就很可能会遭受损失，这会扼杀免费增值模式。

在硅谷，这种商业模式炙手可热，但许多创业者注定会失败。因为许多业务没有大量的用户，这意味着免费增值模式可能会达不到临界规模。

数据销售模式

数据是非常有价值的，并可以为有吸引力的商业模式打下基础。这种商业模式已经存在了几十年了：像 Dun & Bradstreet、Equifax、Experian 这些公司已经从市场上赚了数十亿美元。这些公司创建了庞大的客户信息数据库，从保修卡、信用申请、杂志订阅到在线表格等一应俱全。

在使用社交应用程序中的数据时，人们存在很大的疑虑。也许是因为这种媒介较为新颖，或因为这些信息是非常私人的。

不管是什么原因，在社交应用程序上使用数据销售模式时，都有相当大的阻力。这并不是说没有商业机会，但创业者需要深思熟虑，并将想法明确披露给用户。不过，考虑到在线数据的潜力，数据销售模式可能会成为未来 10 年成功商业模式的起点。

佣金模式

佣金已经成为互联网企业营业收入的主要来源，对在线旅游公司来说尤其如此，如 Expedia、Kayak、Priceline.com

和 Hipmunk 等。

佣金收入有两种形式：**商家收入**（企业直接向客户的信用卡收取费用）和**代理收入**（把客户转交给第三方，从中抽取佣金）。哪个更好？可能是商家收入这种方式更好，尽管其实施成本更高，但你可以更好地控制客户体验，并且可以收集更多信息。这种方式应该会带来更高的收入，因为企业更容易对客户群进行二次营销。

有缺陷的商业模式

企业可能会有所发展（比如用户增加），却没有可行的商业模式。ICQ 就是个例子。该公司是 20 世纪 90 年代后期出现的早期即时通信企业之一，在当时迅速获得了数百万名用户，但无法创造多少营业收入。从本质上看，ICQ 是个功能，而不是家企业。

当这种情况出现时（会经常出现），最好的策略就是出售。从长远来看，找到可行的商业模式可能是不切实际的。就 ICQ 而言，该公司接受了美国在线的收购。这家互联网巨头喜欢 ICQ 公司，因为它可以提高客户回头率，这增加了获得广告收入的机会。

另外，有些企业的商业模式可能会带来大量的收益，但仍然有内在的危险，典型的情况是企业依赖主要供应商。Netflix 的情况就是如此。为了打造高人气的视频流媒体服务，必须投入巨资才能获得优质内容。问题在于 Netflix 几乎没有讨价还价的筹码，因为它要与亚马逊和康卡斯特（Comcast）等大公司竞争，后者可以为内容支付更高的价格，而且这些竞争对手可以依靠其他业务来弥补营业收入的不足。

为了避免这些商业模式所产生的问题，你需要考虑潜在的弱点。你的产品主要是有一个很强的功能，还是一款独立的产品？会有其他更大的竞争对手为内容或分销开出更高价格吗？进行多方面的设想是非常有益的，可以帮助你避免灾难。

寻找理想的商业模式

当你通过头脑风暴不断尝试自己的商业模式时，需要记住几件关键的事情。比尔·格利（Bill Gurley）是标杆资本（Benchmark Capital）（已经为推特、eBay 和 Instagram 等公司提供过资金）的风险资本家，他写了一篇关于这一问题的博客，并提出了一些有益的要素。[⊖]以下内容是他所发现的要素。

- **可持续的竞争优势**：你需要一种能持续应对竞争对手的方法，可能是个著名的品牌、网络效应或强大的基

⊖ Bill Gurley, " All Revenue Is not created Equal: The Keys to the 10X Revenue club, " May 2011, http://abovethecrowd.com/2011/05/24/all-revenue-is-not-created-equal-the-keys-to-the-10x-revenue-club/.

础架构。有些企业同时拥有这三个优势，比如微软、Facebook和苹果。

- **可预测的营业收入**：企业需要持续增加营业收入。营业收入不仅仅源于市场的不断增长，还源于优秀的定价能力。与此同时，现有的客户将会继续回头光顾，通常会购买更多的产品。
- **客户保留**：这是Facebook成功的一个主要因素。想象一下，在其他地方重建你的社交图谱会多么麻烦啊！
- **毛利率**：需要超过70%。正如你在第8章所看到的，高毛利率意味着在投资产品和营销上拥有更大的自由度。同样重要的是毛利率随着营业收入的增加而增加。这是强有力商业模式的标志。
- **客户细分**：如果一个或多个客户占总营业收入的10%以上，那么这种商业模式就有风险，原因是这些客户可能有能力达成更好的条款。理想的情况是拥有庞大的客户群。
- **市场营销**：为这项开支支出的费用要尽可能低。当然，Facebook的优势在于它是个高度病毒式的平台，能够以极低的成本吸引数百万名用户。

总结

本章探讨了Facebook如何发展其商业模式，并介绍了非常有效的盈利方式，还讨论了其他的一些创新方法，并考虑了其中的一些风险。重要的是要记住，你可能没法在早期找到正确的商业模式，这需要时间来进行试验，但是一个产品通常只有一个最优的商业模式。

下一章将讲述如何担任 CEO，这通常是个有些神秘的话题。当然，扎克伯格有些非常有益的经验可供参考借鉴。

第 10 章

— *Chapter* 10 —

成为卓越的 CEO

领导力和学识彼此不可或缺。

——约翰·肯尼迪（John Kennedy）

你听说过乔纳森·艾布拉姆斯（Jonathan Abrams）吗？如果你和硅谷渊源不深，你可能就没有听说过。2002 年，乔纳森创建了友人网。友人网是最早的社交网站之一，曾红极一时，本可以成为社交网络领域的龙头老大，那么也就没有后起之秀 Facebook 的独领风骚了。

友人网从凯鹏华盈和标杆资本等第一梯队的风投企业那里筹集了大量风险资本。该公司还收到了各种利润丰厚的收购要约，其中一个要约来自谷歌。

然而，几年后，友人网却破产了。有很多原因，其中包括毁灭性的内部斗争以及过于在乎媒体的关注等，但有个关键的问题是公司的基础架构薄弱。当数百万名用户点击该网站时，网速就会变得极慢，经常要一分多钟才能显示出页面！

从友人网那里，马克·扎克伯格汲取了宝贵的教训，这要感谢彼得·蒂尔、里德·霍夫曼和肖恩·帕克这些友人网的投资者。但避免错误只是 Facebook 成为伟大企业的部分原因，扎克伯格还需要在产品、商业模式和筹资等方面进行战略决策。也就是说，他需要成为卓越的 CEO。

本章将分析扎克伯格创业旅程中的一些关键点。好消息就是，即使不是天生的领导者，也能成为卓越的 CEO。你肯定可以通过学习做到这一点。

“CEO 课程”

在 Facebook 成立初期，扎克伯格是个很糟糕的 CEO。他沟通能力不好，喜欢将事情藏在心里，经常会激怒员工，还有点儿爱摆架子。其中一个著名的例子是他的名片，名片最上面有行加粗的字：“妈的，我是 CEO。”

2005 年年底，事情变得越来越糟糕。当时，扎克伯格大部分时间都和媒体大亨混在一起，驾驶私人飞机，在高级餐厅用餐。这些消遣可能是个巨大的自我提升，但对 Facebook 的员工产生了影响。要出售公司吗？购买者会是全球性的媒体集团吗？员工士气低落，这损害了公司的利益。

公司的内部招聘人员罗宾·里德（Robin Reed）试图让事情重回正轨，直面扎克伯格说：“你最好进修些 CEO 的课程，否则情况不妙。”

这是个很关键的时刻，唤醒了扎克伯格。扎克伯格已经足够成熟，知道如何评价这种批评，并采取行动。这是宝贵的一课，对公司的发展至关重要。从那时起，扎克伯格开始向世界上最好的领导者学习 CEO 课程，如史蒂夫·乔布斯、马克·安德森、吉姆·布雷耶、比尔·盖茨，甚至巴菲特。

对他最具影响的或许是华盛顿邮报的 CEO 唐纳德·格雷厄姆，至少在关键的早期阶段是这样的。他们两个一见如故。格雷厄姆的长期战略思想是建立能世代发展的公司，扎克伯格对此印象深刻。为了汲取知识，扎克伯格跟随他穿梭于办公室之间。

毫无疑问，担任 CEO 可能会是孤独的。你不能说："我不知道该怎么办，有什么建议吗？"这会是致命的。这就是为什么找到导师很重要，尤其是找到经验级别比你高很多的人，就像扎克伯格所做的那样。

CEO 还需要倡导开放的环境氛围。员工应该可以自由地批评。如果没有人批评，CEO 几乎不可能清楚企业的问题，特别是在高速增长时。里德能批评扎克伯格是个鼓舞人心的迹象，这表明 Facebook 的文化是开放的。这种文化成了 Facebook **黑客之道**（Hacker Way）的重要组成部分。

扎克伯格早期的错误给他上了重要的另一课：企业印刻（corporate imprinting）的危险。员工会模仿领导者，这是一种自然的人类行为。试想，如果 CEO 穿着连帽衫会怎样？其他人也会这样穿。如果他们吸烟，那就准备看到许多员工也跟着吸烟吧。如果 CEO 结婚了，接下来就会收到很多婚礼邀请。

这听起来似乎很滑稽，但确实存在这种情况。这就是

CEO 需要不断反思自己行为的原因。这些行为会被如何解读？这是在树立好榜样吗？有什么微妙之处呢？

对不很稳重的年轻 CEO 来说，这些问题至关重要。这在 Facebook 的形成阶段确实是个问题，公司当时的氛围更像是个喧闹的大学宿舍。

玩得开心是件好事，但凡事要适可而止。如果过度的话，员工关系就可能会出现问题，甚至引发诉讼，也可能导致混乱，这样一来，要把事情做好就会很难。

扎克伯格看到出现了问题，他迅速地采取了行动，培养和提高了 Facebook 的专业精神。当他把肖恩·帕克这个张扬的派对动物（unabashed partier）踢出去的时候，无疑是树立了好榜样。

不幸的是，似乎今天许多初创企业的 CEO 都没有这样做。例如，高朋网的 CEO 和联合创始人安德鲁·梅森就是其中的一个例子。自 2011 年年底公司上市以来，股价就一直大幅下跌，最大的问题在于会计和财务体系。

2012 年，梅森开始召开员工大会，重点讨论提高专业化的方法。然而，在开第一次会议时，他在喝啤酒，还打嗝了！场面很滑稽，但这恰恰延续了公司傻里傻气的腔调。这件事被过分渲染夸大了，甚至还上了《华尔街日报》的头版。这种公关不是公司需要的，也不是投资者愿意看到的。

除了专注于营造鼓励批评的开放性氛围、了解企业印刻带来的危险后果，对初露头角的 CEO 来说，还有哪些最佳实践呢？本章的其余部分将介绍扎克伯格在成为伟大的 CEO 这一旅程中的一些关键要素。

学会说“不”

随着业务的增长，你将会不可避免地吸引许多第三方的兴趣。会有人寻求合作甚至提出收购。当然了，也有许多销售人员会尝试为你销售产品。

这些第三方都非常有说服力，他们对你的企业充满了赞许，但你不要陷入其中难以自拔。或许成功的 CEO 最宝贵的一种特质是说“不”的能力，否则你会被困在太多琐事之中，而这意味着没有足够的时间做重要的事情。

有些时候，你需要停掉某些项目，因为这些项目成功的可能性不大。这样做并不容易，但继续投入的成本只会阻碍企业的发展。

扎克伯格叫停了很多项目，如社交日历和 Deals 业务。虽然投入了大量的资源，但没关系，因为投入的获益不大。俗话说，“要死就死快点儿”。

速度

与大企业竞争是艰难的，要想取胜似乎不可能，但有件事情是小企业能做到而大企业做不到的：快速行动。请牢记这一点，这是个重大的优势。

随着企业的发展，会不可避免地产生各种摩擦冲突。CEO 可能会变得谨慎起来，开始规避风险，这是正常反应。但扎克伯格认为，企业需要不断地“快速突破，除旧立新”。如果你没有犯错误，那么，此刻你应该意识到，你做得还不够快。

的确，在进行决策时，你应该不断地进行激烈的辩论和分析，但是要快一点儿。

扎克伯格的决策方式是直接快速的。这意味着明确表态，倾听别人的意见，然后采取直截了当的行动。这种方式似乎不够人性化、很苛刻，但对成功来说是必要的。

避免内部斗争的恶果

内部斗争是创新的敌人。如果员工更关心自己的安排和职业发展路径，然后才是企业，这家企业就很难实现长期的发展。

尽管永远不能消除内部斗争，但可以对此加以管理和控制。想一想吧，扎克伯格已经将管理内部斗争作为其黑客之道的重点。黑客之道强调：

> 黑客认为，有了最好的创意并付诸实践总会取得胜利。获胜的不会是最好的创意游说者或能够管理最多人的人……代码胜于雄辩。

如果你要创业，这一方法值得考虑，因为它应该有助于企业保持发展的势头，释放创新能力。但至关重要的是，CEO 应该经常谈论关注结果的重要性，这必须成为企业基因的一部分。

数据驱动

许多 CEO 自我欺骗：他们忽视负面的信息，总是觉得业务发展得很好。大家都知道，即使是上市公司的 CEO 也会这样做。

在繁荣时期，这种方式可能有助于企业的蓬勃发展。就说互联网繁荣时代吧，展示用户数量激增等指标就足以筹集大量资本，但在风险投资市场衰退时，许多企业就被淘汰了。只有那些像 eBay、Priceline 和谷歌等专注于构建完善商业模式的企业才能在“核冬天”生存下去。

要成为卓越的 CEO，你需要不断追踪数据，并了解发展趋势。尽管这些迹象可能并不总是很明显——至少在短期内是这样的，但你最终将会了解企业的实际情况，并能够做到与其步调一致。

质疑假设

这是个大问题。CEO 不应该接受传统思想，有些传统思想常常是错的！

扎克伯格总是很擅长问他的团队成员“为什么”，尤其是问那些说某些事情做不了的人。这种方法能够深入有效地探求真理，这可能会导致伟大的产品创意或创新的商业模式。例如，当他想到照片分享的概念时，似乎是个不怎么样的创意。我们需要另一种方式来分享图片吗？但扎克伯格发现了一种使用 Facebook 的社交图谱分享图片的方式，从而打破了原有的游戏规则。

他也专注于寻求事物的本质，这意味着不断追求简单化。不妨看一看 Facebook 的一些最佳功能，它们都只是一些如朋友圈、点赞和新鲜事之类的基本概念。

不做假 CEO

这是星佳的 CEO 马克·平卡斯提出的。假 CEO 认为形象就是一切，这种人认为自己的主要身份是炙手可热的名人，而不是专注于客户和产品的领导者。一名假 CEO 宁愿发发推特，或在会议上对事情发表一些看法。

同时，企业没有真正的领导者——只是个专注于自己的人而已。记住，员工识别糊弄的能力是很高的，如果 CEO 缺乏深度，他们很容易就能看出来。

这并不是说你应该避免宣传。正如第 7 章所讨论的那样，公关是帮助企业发展壮大并成为行业思想领袖的好方法，但不要指望你个人的剪报能发挥作用。

CEO 还需要寻求平衡。每时每刻追求事业可能会迅速导致倦怠，扎克伯格通过每年设置一项个人挑战来处理这一问题。为了迎接这样的挑战，他发誓要学习汉语；还有一年，他只吃自己杀死的动物的肉！

设定这些挑战非常棒，没有必要都与企业有关，能实现超越则会更好。持有开放的心态，会极有助于促进创新，带来新的视角。

追随激情

从青少年开始，扎克伯格就对创建应用程序充满激情，他创建的某件东西，通常是他自己想要的产品。有时候，一些成功的创业者可能不一定对他们的事业充满激情，那么长期坚持起来就会很困难。

激情有传染性，能吸引顶尖员工，让客户感到振奋，引起合作伙伴的兴趣。所有这些因素会创造良性循环，有助于创建伟大的企业。

总结

正如你在本章中看到的那样，成为 CEO 没有固定的规则。所有像杰克·韦尔奇（Jack Welch）、史蒂夫·乔布斯和杰夫·贝佐斯这样卓越的领导者都有自己独特的做法。扎克伯格已经提炼出了自己的一套办法，而且很有效。你自己的创业旅程也是如此，不一定要复制扎克伯格的方法：更好的做法是学习他的思想，看看是否和你的愿景相符。

下一章将讨论对卓越的 CEO 至关重要的领域：团队建设。

第 11 章

— *Chapter*11 —

团队

友善对待“书虫”，他们中的某个人可能会成为你的老板。

——比尔·盖茨

从早期开始，扎克伯格就知道自己需要抢先抓住超级聪明的工程师，因此，他在招聘人才上花了大量的时间。然而，他也知道，聪明不是一切，他希望**所有**员工都能融入强调合作、卓越和快速行动的企业文化。

招聘是 Facebook 的核心竞争力。2009～2011 年，Facebook 的员工从 2126 名剧增到 3539 名，但员工增加还没结束。Facebook 在加州门洛帕克市（Menlo Park）的总部约占地 220 万平方英尺[⊖]。墙上贴了一条趣味横生的标语："旅程才完成了 1%。"

在本章，你也将踏上一次旅程：细致入微地了解人才招聘的过程。这对成功至关重要，也是极难完成的一部分。从扎克伯格组建一流团队的一些技巧中，你能汲取些经验。

⊖ 1 平方英尺＝0.092 903 平方米。

错误和发展阶段

你会做很多错误的雇用决策。这是事实，但设法习惯这一事实吧。

在引进爱德华多·萨维林来共同创业后，扎克伯格很快得到了这一教训。萨维林本应为公司的经营管理出谋划策，像是开展广告业务和筹集资金之类。结果，他不但表现平庸，甚至阻碍了 Facebook 的发展。当时他的第一要务不是 Facebook。2004 年，在和其他团队成员去硅谷时，他甚至还没离开哈佛。这是个极大的危险信号。

扎克伯格迅速采取了行动，迫使萨维林走人。虽然这么做既棘手又揪心，却是个明智之举。

扎克伯格仍需要一个强劲的业务搭档，他找到了肖恩·帕克。帕克确实野性难驯，而且喜欢寻欢作乐。例如，他请了几名涂鸦艺术家粉刷了 Facebook 的办公室（包括男卫生间里有伤风化的图画）。

尽管如此，事实证明，帕克对公司最初的成功做出了弥足珍贵的贡献。他在特拉华州创立了常规股份有限公司，还设置了让扎克伯格掌握控制权的机制（股东协议中有赋予扎克伯格挑选董事会成员的权力的条款）。帕克还雇用了一些起关键作用的员工，包括马特·科勒（Matt Cohler）、凯文·科莱兰（Kevin Colleran）和阿伦·西蒂格（Aaron Sittig）。他对筹资也有贡献，向里德·霍夫曼、马克·平卡斯和彼得·蒂尔做了关键性的介绍。

但是一段时间过后，帕克变成了一个麻烦。他被指控个人行为有问题，扎克伯格不得不辞退了他。（帕克继续帮助创办了像 Spotify 之类的公司，并且靠着手里 Facebook 的股份成了亿万富翁。）

扎克伯格希望获得一些“成人监督”来确保 Facebook 能继续壮大。2015 年 9 月，他雇用了亚马逊的前总裁欧文·范纳塔（Owen Van Natta）。范纳塔加入公司时，Facebook 只有 26 名员工和大约 100 万美元的营业收入。但是他知道怎么把公司的规模做大，他没花多少时间就让员工人数增加了几百名。为了适应爆炸式发展，他还创建了非常重要的基础架构，尤其是在销售和财务部门。几年后，Facebook 的营业收入达到了 1500 万美元。这当然得益于范纳塔是个出类拔萃的交易和谈判高手。

与此同时，扎克伯格把精力都放在了产品上，并得到了一些杰出人才的鼎力相助，如扎克伯格在学校里的好友达斯汀·莫斯科维茨和亚当·德安杰洛（Adam D'Angelo）。他们是活力和创新的巨大源泉，让 Facebook 能够挡开像聚友网这样的对手。

到 2008 年年初，问题开始浮现。Beacon 的推出完全是场灾难，损害了公司的信誉。扎克伯克别无选择，只能关闭 Beacon。事后，他意识到自己需要一个能让公司营业收入达到 10 亿美元级的人，但是那个人不是范纳塔，他的能力只适合早期的创业阶段。

扎克伯格继续寻找，然后找到了谢丽尔·桑德伯格（Sheryl Sandberg）。虽然她还不到 40 岁，却已有了辉煌的事业。在获得哈佛大学的工商管理硕士后，她担任了美国财政部幕僚长；2001 年加入谷歌，最后成为全球线上销售和运营的副总裁，帮谷歌打造出了一个难以置信的商业模式。

扎克伯格知道桑德伯格是绝佳人选，但拉她入伙可不容易。扎克伯格花了好几个月的时间来拉拢她，约请晚餐，在会议上碰面，打了很多电话。

2008 年 3 月，桑德伯格答应担任 Facebook 的首席运营官，公司里的第二把交椅。结果证明这是个绝妙之举。在 4 年内，Facebook 的营业收入高达 40 亿美元，利润 10 亿美元。

要知道，找到一个有能力将规模做到 Facebook 这个水平的人难于上青天。Facebook 花了 6 年时间才达到 10 亿美元的收入。

管理这种增长也是非常困难的。一年内雇用 500 名员工，这是什么概念？更重要的是，你怎么管理所有人？想要成功，公司的组织能力要非常强大，员工要能以惊人的速度工作。员工需要明白怎么处理大问题，根本不能将时间浪费在琐碎的问题上，那只会拖慢公司的发展。

确实，高风险和超速增长形影不离。但在进入新市场时，如社交网络、社交游戏或日常交易，这就是一场抢占主导权的比赛。一旦赢得了这场比赛，其他公司想对市场产生威胁就异常艰难了。

如你所能看见的那样，打造团队和规模化发展是个演进过程。CEO 需要认识到，有些人可能只是企业生命周期中某一阶段的最佳人选，也就是说，需要有新人加入来带领企业进入下一阶段。这一过程需要战略眼光，战略眼光对打造能实现突破性发展的企业必不可少。

在深入分析招募人才的最佳做法前，我们先来看一看另一话题——引入联合创始人。

需要一位联合创始人吗

对于这个问题，没有简单的答案。确实，很多杰出的企业都有联合创始人，如谷歌、雅虎、苹果和微软等，但也有些大公司没有联合创始人，如亚马逊和戴尔等。

有一位联合创始人当然有优势了。你有了倾诉想法的对象，还能从额外的帮助中获益（初创企业的工作任务繁重）。风险投资家也会因为看到你对团队合作的重视备受鼓舞，团队合作能让风险最小化。然而，他们还希望联合创始人的才能是互补的。这意味着当中至少有一个人要具有技术背景。在 Facebook，扎克伯格充当了这一角色，而达斯汀 · 莫斯科维茨则主要负责公司经营和业务战略。

寻找联合创始人时要特别谨慎。切记，分道扬镳是常有的事儿，事实也证明那是致命的。在理想情况下，你要找一个认识了多年而且投缘的人合作，他们还应和你有共同的价值观和人生观。

一旦找到了合适的合伙人，就该开始组建核心团队了。我们来看看组建核心团队的策略。

招贤纳士

经过一段时间后，你会逐步形成自己的招聘风格。你能从联合创始人和顾问那里获取经验，然后形成自己的招聘技巧。但在得心应手之前，有几点要考虑。

- **简历丰富的人**：企业处在成长期时需要这种员工，但在雇用后，要将其安排在任职要求低于其胜任能力的岗位上。这是考验个人能力并观察他们是否真正相信团队合作的好办法。
- **散步**：扎克伯格从乔布斯那里学来了这个技巧。他和可能要聘用的人一起进行长距离散步。这种方法能有效地了解这个人并知道他们是否适合公司的企业文化。扎克伯格经常步行到一座山崖边，告诉新成员，Facebook 的好日子还在前面。
- **人力资源部门**：扎克伯格认为不该由人力资源管理人员负责这一部门，所以，他请了一名顶级工程师来管理这一部门。

- **面试**：简历代表不了什么。你从简历上了解不到什么关键信息，比如智谋、道德品质和沟通能力，但面试可以做到这一点。多几个人参加面试是好事情：从全公司找 5～10 个人。似乎很多，但这是值得一做的，用错人的代价可高多了。
- **情景假设**：了解潜在雇员的一种好办法就是提一个如下形式的问题："如果……你会怎么做？"这个人的答案应该会让你清楚了解他的决策方式。
- **经验**：这一点通常不重要。为什么不重要？这是因为经验丰富可能意味着墨守成规。
- **工作环境**：创造一个你自己也希望身在其中的工作环境。员工看到你的企业是工作的好地方，就会告诉他们的朋友。一些最出色的新员工就是源自他人的引荐。
- **审查**：头 6 个月对新员工非常关键，这就是为什么应该进行月审。但是审查不应该只是员工进展的简报，还应该授权员工提供反馈；鼓励他们提出批评，而不是处以惩罚。这是成长和修正遗留问题的最好办法。
- **入职培训**：听起来非常公司化，确实如此，但并不代表这是个坏主意。想让新员工从一开始就走上正轨，意味着要对他们进行强化培训。Facebook 有个计划叫作"训练营"，要求所有新来的工程师参加。其中的课程包括教授怎么编写具有 Facebook 风格的程序。

即使你最后雇到了一名好员工，也必须明白这个人可能不会待很久。留住顶尖人才从来都不容易，尤其是在一个人有很多机会的情况下。

虽然一位重要人物的离开可能会起破坏性作用，但最终对企业有益。新人进入组织会带来新的观念和技术，即便时间不长。这种情形在 Facebook 已经司空见惯了。陈士骏（Steve Chen）就是个例子，他只待了几个星期，接着就与人联合创办 YouTube 去了。

在开始创业之旅后，你会发现招贤纳士的方法很多，数不胜数。对新方法进行测试是个好想法，但要坚守于你而言最佳的方法。否则，雇用进程可能会缺乏效率，尤其是对候选人而言。

你还需要根据招聘岗位对招聘流程进行改进。聘请工程师和销售人员是最棘手的，我们逐一来看。

聘请顶级工程师

找到顶级工程师容易，难的是说服他们加入你的企业。

即使只有几名顶级工程师，也能给一家初创企业带来天翻地覆的变化。相对于优秀程序员，他们的生产率是质的飞跃。

这就是为什么扎克伯格花了大量的时间争取像亚当·德安杰洛这样的人才。德安杰洛毕业于加州理工学院（California Institute of Technology）计算机科学专业。上学时，他加入了计算机国际大学生编程竞赛协会（Association for Computing Machinery International Collegiate Programming Contest），2003 年获得了第一名，2004 年获得了第二名。扎克伯格相信德安杰洛是他遇到过的最好的程序员。

在 Facebook 工作时，德安杰洛在提供底层技术上起到了关键作用，实现了公司规模的巨大增长。在某种程度上，他避免了内爆的发生。内爆击垮了友人网。

怎么才能说服顶级工程师加入呢？你需要一套令人信服的说辞。扎克伯格的优势是 Facebook 成功了，不仅如此，他还有着宏伟的愿景。他在和德安杰洛这类人物谈话时，告诉他们，他们能给世界带来巨大的影响。

招聘顶级工程师时，你是在和谷歌、微软以及星佳这样的大公司竞争。提供更多的金钱不可能制胜，你不能靠这个来竞争。能否成功，取决于你的企业能不能让顶级工程师感到兴奋。就这么简单。

马斯洛的需求层次理论有助于深入理解这一点。最基本的需求包括食物、空气和水。然而，每往上一层，需求就变得更微妙。最高层需求包括自我实现和超越。这就是顶级工程师所在的层次。

争取顶级工程师注意，另一个方法是告诉他们为大型组织工作的不利之处。很多时候，为大型组织工作不会像为初创企业工作那么有影响力，而且可能只有一个格子间。

作为 CEO，还要让顶级工程师相信你会为他们提供成功所必需的支持和工具。这就意味着要对软件、培训和其他资源进行投资。

尽管如此，也不能为了聘请一名顶级工程师而不惜一切代价。这个人必须相信企业的使命，而且愿意成为团队的一员。要想通过面试了解这一点太难了，但可以借助以下一些技巧：

- 不要聘请非常关注薪酬和离职的顶级工程师。你要的是关注创意、行业和创建伟大产品的人。
- 在谈到薪酬问题时，他想要的主要是现金吗？如果是，那这是个不好的迹象。你要的是想要股份的人。
- 这个工程师能就复杂的想法进行沟通吗？要想成功，他们需要和其他人和睦相处，这意味着需要具备强大的沟通技能。
- 如果你心里不确定，这就是个明显的征兆。相信自己的直觉：你的谈话对象可能不是你要找的那个人。

雇用工程师后，构建小团队是个好主意。这往往最有利于提高生产率和杜绝复杂性。考虑一下杰夫·贝佐斯的“两块比萨规则”，说的就是工程师团队的人数不应该多到两张比萨不够吃！

销售人员

在打造了一款出色的产品后，客户就会随之而来，这简直就是天方夜谭。就算是 Facebook，也没有这种好事。这些年来，Facebook 在建设全球销售队伍上投入了大量的资金。

记住，要说服像可口可乐和宝洁这样的大企业采用新的广告系统可不容易，即使这个系统是由 Facebook 这样的知名公司打造的。他们要看到效果，还希望在策划广告活动时得到帮助。

建设销售团队需要经验丰富的人，也要花几年时间才能呈现出良好的势头，因为要找到优秀的销售人员很艰难。就像顶级工程师一样，优秀的销售人员也很少，而且他们更喜欢为大型组织卖力，大型组织的薪酬一般也丰厚得多。身为 CEO，你必须争取使顶尖的销售人员对你的企业感兴趣。

你还要想个办法淘汰业绩不良的销售人员。一种有趣的方式就是要求查看他的工资和税收报表。销售人员一般是企业里薪资最高的员工，所以如果一个销售应聘者不愿意出示他的工资和税收报表，那就换个人吧，销售人员应该骄傲地秀出来才是。

至于管理销售部门，有几个技巧对提升销售效果有助益。

- **持续性分析**：在硅谷，很多人在讨论**精英制**（meritocracy），这个体制绝对适用于销售人员。销售人员的成功是可以衡量的，所以无处可藏。销售人员要么达标，要么不达标。如果不达标，也就没有多少余地了。

- **团队**：这种观点往往与销售人员格格不入。销售讲的就是物竞天择，适者生存，但是因为竞争有损客户体验，所以这种环境不利于企业的整体成功。Facebook 就是以和所有员工包括销售人员共享最佳实践和学习经验而闻名的。
- **CEO 的角色**：CEO 给客户打电话推销产品是很重要的，这种做法能提升销售部门的绩效，还能显示出 CEO 很关心销售部门的成功。另一个好处是，CEO 能更了解企业客户。
- **赚钱机器**：当销售团队开始固化时会发生这种情况。在团队扩大的同时，收益也越来越高。这时，你就知道要到达临界点了。
- **质量**：销售只是过程的第一步，算不了什么。成功的真正迹象是客户的喜悦。这种情况下，你能从接踵而至的业务中受益，客户也应该会为你做推荐。理想的情况下，你的客户最后成了狂热粉丝。

至于薪酬，销售人员的薪酬包应该强调佣金，但佣金的比例是多少，对这个问题需要三思，这需要专业人员来统筹考虑。

还有，一定要好好看看其他形式的薪酬，如薪水和股票等。当然了，这适用于所有员工，甚至办公室助理。

我们来看一看在考虑薪酬时可以采用的一些不错的方案。

薪酬策略

科技企业要尽量把薪水压到最低。你要尽量保证有充足的现金投资基础建设、市场营销和销售。而薪酬应该集中在股票收益上，这样，支付的现金更少，同时还能激励员工更努力工作。员工把自己当成主人而不是帮工，这样会更好。

最常见的股权激励方式就是股票期权。股票期权赋予员工以一定的股价购买固定数量股票的权利。在创业初期，股票价格一般在 1 美元之下，但是如果公司成长了，股票价格就有可能大幅上涨，给员工带来大量收益。多亏了股票薪酬，Facebook 上市时 1/3 的员工成了百万富翁。

期权的行权价格应达到或高于股票价格目前的公平市场价值（FMV）。如果低于这个价格，美国国税局会认为员工已经获得了收入，就必须缴税。这也会对公司税务产生不利影响。所以，在发行股票期权时，一定要咨询税务专家的建议。每年都应该进行估值，尤其在首次重要融资之后。

期权有个**股份行权计划**（vesting schedule），就是员工要在公司工作一段时间后，才能获得购买股票的权利。最常见的方式是 4 年的兑现期（vesting period）和 1 年的底限期（cliff）。为了便于理解，我们来举例说明。假设你给了员工 8 万股，他们必须为公司工作 1 年后才能对 1/4 股票行权，也就是 2 万股。之后，每个月行权一部分股票，直到 4 年期满。

在过去几年里，也有些科技公司一直在发行限制性股票（restricted stock）。这是把股票转让给员工，到行权时员工才能获得股票。在这种情况下，有可能会受到税收的影响。再强调一次，确保在做这些决定之前咨询税务专家。

外包

外包是个好策略，但使用时要小心。如果需要完成的是核心职能方面的工作，你或许应该请个人来专职负责。自由职业者不会表现出同等的承诺或热情。

大多数情况下，自由职业者适用于短期合约或短期项目。但不要只看价格进行选择，很多自由职业者表现糟糕，浪费了一大笔钱。在决定请人之前，确保有人向你做了推荐。

还有个能找到优质自由职业者的好方法，就是通过像 oDesk 和 ELance 这样的网站。这些网站会给每个服务提供商提供评价等级，甚至会对自由职业者的技术和能力进行检验和测试。

在某些情况下，你可以试试**众包**（crowdsourcing），也就是借助用户群来完成任务。

很多网站提供这方面的帮助，如 99designs 等。你在网上发布项目，服务提供商就会提交原型，例如平面设计图。然后，给最好的那个发放赏金就可以了。众包是用低成本获得高质量结果的一种方法。

Facebook 也使用过众包的方式，例如，把 Facebook 翻译成其他语言。让员工做这类工作的成本过高。相反，Facebook 创建了一个平台，让用户来翻译内容。结果这种方式大获成功。

裁员

裁员很残酷，却是资本主义体系与生俱来的一部分。十多年前，互联网行业从蒸蒸日上跌到一败涂地，发生了大量而迅猛的裁员。但在多数情况下，裁员也起不了多大作用了，反正企业已经破产了。

CEO 需要习惯经济大衰退和市场大变迁的情况。通过客户群多样化来利用之前的繁荣，你还有一线希望再建立一家赚钱的企业。这样应该能让你的企业逃过一劫。有趣的是，因为竞争更小了，经济衰退可能反而是一次机遇。

如何处理这种状况才是关键。你不能逃避现实。如果看到市场或经济有发生重要转变的迹象，你需要立即采取措施。尽量确保裁员是一次性事件，不要让裁员时间过长，因为这样会影响士气，最后还可能摧毁企业。

希望这种情况不会发生在你身上。如果企业成功了，你最有可能做的事就是雇很多人。

总结

正如本章讲述的那样，招聘过程中可以采用很多方法，关键是去尝试和磨炼那些对你管用的方法。

下一章将介绍怎么收购企业，这是 Facebook 用过的一个非常高效的策略，而且对获得顶尖人才非常重要。

第 12 章

— *Chapter*12 —

兼并与收购

商业机会好比公交车，下一辆总会来的。

——理查德·布兰森（Richard Branson）

2007 年 7 月，马克·扎克伯格完成了他的首次收购。这次交易的对象是一家位于加利福尼亚州山景城（Mountain View）的初创企业——Parakey。该企业当时正在开发能在线或离线运行应用程序的技术，但这对扎克伯格来说都无所谓。他之所以想要收购这家企业，是因为其天才的联合创始人布莱克·罗斯（Blake Ross）和乔·休伊特（Joe Hewitt）。此类交易就被称为**人才收购**。

此后，扎克伯格的收购交易超过了 25 次。在过去几年中，交易有所加速。所有这些交易都是人才收购，只有一个除外：以 10 亿美元购买了极受欢迎的移动照片共享网站——Instagram。扎克伯格曾说：

> 这是 Facebook 的一个重要里程碑，因为我们第一次收购一个有这么多用户的产品和公司。就算我们打算再增加用户数，也增加不了多少。但提供最佳的照片分享体验是有这么多人喜欢 Facebook 的一个原因，因此，我们知道两家公司的合并是值得的。

收购的关键在于有个明确的目的，扎克伯格在交易中一直都是这么做的。

这一点很重要，因为收购的失败率一般都很高，风险很多，特别是在整合的过程中。本章将讨论一些提高成功率的策略。

收购的理由

创业者很容易患上**交易狂热症**（deal fever）：坚信交易是必需品，应该为之不惜一切代价。但这通常会导致惨重的后果。

在开始一场交易前，你需要谨慎克制，要对可获得的好处有非常理性的评估。让我们来看几个关键理由。

技术

一些企业擅长开发技术，但没有将其商业化的核心团队。这是个普遍的问题。

好消息是，这可能是个收购的好机会。请记住，强大的技术不一定具有很高的价值，只有对客户有牵引力时，才能带来收益。像 Facebook 这样的企业具有庞大的用户群优势，通常能从新技术中获得即时利益。

另一个关键的技术资产是企业的专利组合。过去几年中，已然显而易见的是，专利组合是非常有价值的，特别是在移动和社交网络这类行业中。让外部专家对知识产权进行合理的估值是很重要的。

你不一定要购买企业，更好的方法是直接购买专利。在 2010 年 5 月，Facebook 与友人网的交易就是这样的：以 360 万股购买了友人网的一些社交网络专利。

人才收购

正如你所见的那样，交易有时候并不是为了产品或技术，而在于获得顶尖工程师，但要对人才收购进行估值并不容易。通常，需要了解市面上各类工程师的价值，他们的价值可能在 15 万～100 万美元。购买价格的形式主要为股权，如期权和限制性股票奖励。

只有报酬高是不够的，买方必须给出令人信服的理由，说明买方企业能提供更好的发展机会。（第 11 章就此进行了很多阐述。）

不管交易的规模如何，CEO 参与推介也是很重要的。扎克伯格是这种做法的忠实信徒，并花费了大量时间来寻求创始人的支持。

用户群

收购可以在关键市场中迅速获得立足点。谷歌就擅长于此道。同安卓和 YouTube 这些公司的交易，对谷歌的成功至关重要。

不过，其中也存在风险。基于用户的收购通常意味着高价。如果该企业已经成为**品类杀手**（category killer）并以超高速增长，那么高价收购就不可避免。

不收购的理由

问题是，最后买方的增长可能会被抑制。文化分歧可能是迫切的问题，会导致关键人物离开。

有时候，最好的交易是你没有考虑的那些。星佳的马克·平卡斯回想自己在用 1.8 亿美元购买了 OMGPOP 时，可能就是这么想的。于 2012 年 3 月进行收购时，OMGPOP 公司的“我画你猜”手机游戏日活跃用户数达到 1460 万。但在短短几个月内，用户数暴跌至 340 万。

即使如此，收购仍可能是有帮助的。OMGPOP 应该为星佳提供了许多移动市场方面的专业知识，但如果星佳以购买用户群为目的很可能会失败。

由于这些风险的存在，考虑收购的替代方案总归是好的。有种方法是形成合作关系，这可能涉及共享技术或获取分销渠道。这种伙伴关系可能为接下来的收购建立基础。

尽职调查

意向书（LOI）是向被收购企业提交的首次要约。几页长的篇幅，列出了交易的主要条款，例如，估值、留任奖金及虚假陈述或欺诈情况下的保护措施。

当事方签署意向书后，买方将开展尽职调查程序，持续一两个月。显而易见的是，买卖双方在所有讨论和文件交换过程中最关心的是保密。无意中向竞争对手披露任何敏感信息，都可能造成巨大损失。

即使在交易还未达成时，聪明的买方就已经做了一定程度的尽职调查。这可以通过研究市场和密切注意卖家的动向来实现。Facebook 在收购 Instagram 之前，扎克伯格已经对其有了诸多了解，并与董事会讨论了这一潜在的交易。待 Instagram 准备好交易之时，他能够迅速采取行动。

大部分尽职调查是在意向书签署之后进行的，涉及一系列活动，包括会面、打电话和发电子邮件等。指定一个管理人员对所有的信息负责是非常重要的。这一管理人员要负责收集和整理各种报告和文件。最终，这些活动会使整个过程变得更加顺利。

在某些情况下，买方会发现卖方未披露有害信息，可能是卖方并不拥有某技术，或即将到来的诉讼。这样的事情可能不会扼杀交易，但可能意味着需要重新就收购价格进行谈判。这也是买方与创始人进行坦率讨论的一个时机，主要的讨论问题就是“还有什么没披露”。买方需要强调紧密的关系是成功收购的关键，这意味着应该有完全的透明度。

整合

收购企业并不困难，问题出现在交易后的整合上，这往往是交易失败的关键原因。兼并就好比求婚，现在双方必须设法经营婚姻。

买方往往低估了让两家企业行动一致所需的时长。当你取得第二家企业的所有权时，基本是创建了一个新的组织，所以必须要管理两个实体：旧的和新的。

在没有进行全面规划的情况下，进行有效整合几乎是不可能的。有了一个完善的计划，你就有衡量进展的基准。

即使有个健全的计划，也不能保证你能避免严重的问题。本质上，整合是棘手且艰难的。在一些过程中，需要有与人和新技术打交道的诀窍。这一技能是没法迅速学到的，而要通过实践学习。

开始整合时，需要考虑以下几点。

- **客户关怀**：对手可能会设法窃取客户。他们通常会通过营销活动来说服客户。你需要确保客户对收购有明确的了解。
- **成本削减**：许多技术收购涉及获取工程师，而倾向于裁掉其他员工。但这可能是个错误，因为销售人员也许与客户建立了紧密的联系，营销人员可能对目标市场有良好的了解。
- **过度分配的资源**：买方遇到的另一个大问题是，他们在资金和人员时间上没有分配足够的资源。保留超出估计的额外资金是明智之举。

整合计划

整合应该是买卖双方代表的共同努力。(没错，整合是团队运动！) 设法让两家企业的 CEO 和一些高级管理人员参与其中，确保人力资源负责人也积极参与进来。整合计划的大部分内容涉及处理人力资源事宜，特别是裁员和薪酬。

要尽早开始规划，最好是在签署意向书时就开始规划。制订周详的整合计划可能需要一个月左右的时间，并且要记住，这一计划并非一成不变：这是个指导计划。如果你意识到需要采取其他措施，那就做吧。

整合计划应涵盖薪酬福利、组织整合、沟通和技术。对每一类别，都要建立起始日期、完成日期、所涉及的人员列表和期望的结果等。为此，你可以使用 Zoho 或 Clarizen.com 等在线项目管理工具。

整合后，你应该进行事后分析：存在什么问题？什么起了作用？过程中吸取了什么教训？

薪酬与福利

买卖双方的薪酬和福利方案很少会是相同的，事实上，几乎不可能相同。所以，你需要花费相当多的时间来处理这些差异。工资、福利和股票期权是员工非常关注的问题，因此，这一部分整合需要顺利展开。即便新员工不会喜欢对旧方案进行的所有修改（他们不会喜欢这些修改），清楚确切地提出整体方案也是至关重要的。当然，如果你想避免人员出走，新方案与旧方案大致对等就很重要。

假设你已经全面系统地进行了尽职调查，你应该拥有所有必要的文件并以此来分析对方的薪酬和福利计划，然后就可以查看二者的特点，并逐条进行比较。这么做可以使该过程更有效率，并且应该有助于避免与员工产生重大问题。

沟通

收购事项宣布后，需要马上告知员工。如果没能做到，那么就等着谣言四处传播吧。当缺乏信息时，虚假信息通常就会乘虚而入。在收购时，猎头公司试图挖走员工并不罕见。

在与员工沟通时，请注意以下几点。

- **公告 / 常见问题**：你应该通过内部网站发送电子邮件和发布信息，就交易进行解释并提供时间表。
- **外部沟通**：需要同时向客户和供应商提供信息。产品会改变吗？会保留下来吗？明确收购的策略很重要。
- **诚实**：如果有个问题你没法回答，不要瞎编，而应该说你会及时给予答复。

- **裁员**：裁员应在私下会面时进行。

总结

在收购企业时会犯下很多错误，这是预料之中的事情。即使有思路完善的计划和坚实的理论依据，交易仍可能会一败涂地。这是收购属性的一部分。而 Facebook 的例子已经表明，这样的交易对于创建成功的企业至关重要，值得冒险。

下一章将着眼于企业的潜在退出机制。如果你确定将企业卖给更大的企业是最佳决策，那么就需要启动退出机制了。

第 13 章

— *Chapter*13 —

出售企业

富人与你我不同。

——弗朗西斯·斯科特·菲茨杰拉德（F. Scott Fitzgerald）

是的，他们更有钱。

——欧内斯特·海明威（Ernest Hemingway）

马克·扎克伯格竟然会卖掉自己的公司，这似乎不可思议。要知道，他建立了强大的机制来保持对公司的控制权，还拒绝了好几个大型收购要约。

然而，有一次，扎克伯格同意卖掉公司了。那是在 2006 年，他和雅虎达成了一笔 10 亿美元的协议，但后来雅虎出现季度性疲软，股价下跌，于是这笔交易也就取消了。

把公司卖掉并没有什么错，这是比上市更有可能出现的情况，也可以为下一次创业做准备，结果可能是出现真正的突破性机会。第一次创业肯定是很好的学习经历。

本章着眼于出售决策、过程描述及如何采取正确的行动来使结果最优化。

决定出售

接受收购的理由有很多，一些最迫切的理由是企业面临快速变化的竞争环境或颠覆性的新技术，这些力量可以摧毁企业。

只要看一看 Flip 的例子就知道了：在 2009 年，Flip 以 5.9 亿美元的价格卖给了思科。几年前，Flip 推出了一款手持摄像机，很快就在市场上占据了主导地位，销量超过了 200 万台。

思科认为，这笔交易是打进竞争白热化的消费者市场的一种方式，结果却是一场灾难。苹果 iPhone 的推出扰乱了摄像机市场，Flip 很快就失去势头了。到 2011 年 4 月，思科关闭了该业务。

在科技领域，从成功到失败的时间可能会奇快无比。所以，当你有家炙手可热的企业时，你需要做全面的检查：你的产品能持续多久？你有真正的可持续优势吗？如果没有，那你就应该认真考虑把企业卖掉。

而在其他时候，一家企业可能会因为估值达到了疯狂的程度而出售。马克·库班（Mark Cuban）就是个典型的例子。他是天生的创业者，12 岁时就开始了自己的第一笔生意——卖垃圾袋。他靠收集邮票和经营一家收购来的酒吧支付大学学费。

20 世纪 80 年代初，库班看到了新兴个人电脑市场的巨大潜力，就推出了 MicroSolutions 这一软件代理公司。后来他以 600 万美元的价格将公司卖给了 CompuServe。

这只是热身。1995 年，为了广播印第安纳大学的学院篮球比赛，库班与合作伙伴托德·瓦格纳（Todd Wagner）共同创立了 Audionet。他们很快意识到这一机会要比想象中大得多，所以，他们把自己的平台扩展到了许多其他领域。他们把公司更名为 Broadcast.com 后上市。1999 年，雅虎以 59 亿美元的价格收购了这家公司，而 Broadcast.com 当时的营业收入还不到 2000 万美元。

库班现在是亿万富翁，但他的钱都投资了雅虎股票。意识到互联网泡沫很容易破灭，他对自己的股份进行了控制。这是一种精明的财务结构，如果股价大幅下跌，就会给他提供下行保护。事实证明，这是个明智之举，库班现在仍然是亿万富翁。他继续收购了达拉斯小牛队（Dallas Mavericks），并投资了其他热门企业。他的净资产如今约为 23 亿美元。

许多其他互联网公司的百万富翁和亿万富翁都没那么幸运，很多人几乎没有得到什么，有些甚至破产了。第 15 章将介绍创业者可以用哪些策略来保护自己辛苦赚来的财富。

寻找买主

当你决定出售企业时，你需要引起买方的兴趣。最好的方案是创造有多名投标人的拍卖环境，这样就可以获得更高的估值。如果企业炙手可热，那么你可能已经收到了买断要约。

如何才能让更多潜在买方坐到谈判桌上来呢？一种方法是雇用投资银行。投资银行可以提供各种各样的服务，比如对企业进行估值，并帮助你完成收购过程。投资银行还可以帮助确定合适的买方类型，这包括先制作一本推介书提供关键细节以引起人们的兴趣。为了保密，企业的名称不能对外公布。（让市场知道你要卖掉自己的企业，这绝对不是个好主意，因为人们可能会认为你的企业要走投无路了。）

投资银行会因为提供这些服务定期获得聘用费和一定比例的交易费。确定交易费百分比的一个常见方法是雷曼公式法（Lehman Formula），这可以追溯到20世纪70年代，从雷曼兄弟（Lehman Brothers）投资银行开始。⊖

金 额	交易费（%）
第一个100万美元	5
第二个100万美元	4
第三个100万美元	3
第四个100万美元	2
第五个100万美元及后面超出的部分	1

你可以就费用进行协商，但不要太咄咄逼人，要确保投资银行有足够的动力来为你获得收购高价。

即使不雇用投资银行，你也一定要求助并购（M&A）律师。同样重要的是，要咨询董事会和其他值得信赖的有交易经验的顾问。

把企业卖掉后，你就没有回头路了。

⊖ www.investopedia.com/terms/l/lehmanformula.asp#axzz24ypDmf7P.

交易过程

初步谈判可能需要很长时间。在某些情况下，买方可能会用好几年的时间争取一个候选企业，直到交易完成为止。

但是，如果卖方认真对待，他们会就一些关键条款，如估值、财务结构和尽职调查事项等进行讨论。这些都是意向书里的内容（意向书是收购该企业的非约束性提案）。

这一章的其余部分将分析意向书中的一些关键术语。

价格

价格通常是争论的焦点，这一点儿也不奇怪。在某些情况下，价格很容易理解——例如，当买方提供全额现金交易时，但卖方可能会对此加以限制。一种限制方式是签署**基于财务表现的额外对价条款**（earnout），这意味着如果业务在将来达到一个里程碑，创始人和员工就会获得额外的现金或股份。

如果购买价包括股份，情况就要复杂得多。当买方是私人公司时，情况尤甚，因为很难确定买方股票的真实价值。在这种情况下，如果卖方没有上市或卖给更大的买方，你最终收购成功的机会可能会很低。这是相当普遍的。

因为市场是流动的，所以持有一家上市公司的股份往往会更好。你也可以查看该公司披露的财务状况，更好地了解其业绩。

即使这样，仍存在风险。你在收购中获得的股票是**未登记**的，这意味着你不能立即卖掉这些股票。在公司向美国证券交易委员会提交声明之前，至少一年内不得出售，在那段时间里会发生很多事情。

不管你考虑的交易是哪种类型，都有各种各样的调整机制会影响估值。例如，一部分现金会预留在第三方托管账户（称为**预留账户**）中，以便对卖方任何违反承诺的行为提供赔偿。你可以就此进行协商，但不能取消预留账户，典型的做法是在 12～18 个月的时间里留出购买价的 10%～20%。

另一个调整是营运资金的变化。这是在签署意向书和交易结束期间出现费用激增或业务恶化的原因。这个变化可能是一笔相当大的金额，并严重影响估值。因此，对卖方来说，继续关注业务的运营是很重要的。

资金也可能作为**留任奖金**（retention bonus）进行托管。这是根据管理人员继续留在公司的时间而向他们支付的现金红利。在技术收购中，买方往往希望留住能干的工程师和管理人员。

交易结构

通常有两种方式来开展并购交易：资产收购或股权收购。

资产收购

资产收购是指卖方转让企业的全部或大部分资产，以换取股份或现金（或二者相结合）。这主要涉及每项资产的出售契约，如房地产、专利、商标、设备等。

资产收购往往对买方有利，也许最大的好处是不用承担企业负债，因为负债仍属于卖方企业。但有些司法管辖区仍然试图将负债转移给买方，如果有证据证明存在欺诈或产品责任问题，则可能出现这种情况。

资产收购的另一个关键是为买方提供税收收益。这种收购方式允许买方抬高收购资产的计税基础。买方可以在收购后对资产进行贬值，获得非现金扣除额，这意味着税收会减少。

资产收购也可能导致与供应商终止合同。要知道，与供应商签订的合同通常包括在收购时触发的**转让条款**。在这种情况下，供应商可能会获得重新对新合同进行谈判以获得更高价格的机会。

股权收购

如果资产收购不是合适的方法，那么就采取**股权收购**。在这种情况下，买方购买卖方的全部或大部分股份。在交易较大时，买方可能会进行**法定兼并**（也称为**重组**）。这是建立在提供潜在重大税收收益的州（通常是在特拉华州）法律的基础之上的。

买方承担卖方企业所有法律上的负债，但买方可以创建子公司并将其与卖方企业合并。这是一种巧妙的方法，能帮助控制所有潜在风险。

如果一些股东不想卖掉股份怎么办？法定兼并通常只需要大多数人同意，因此所有股东最终必须对其股票进行投标。为了试图获得更高的股价，评估权允许股东提起法律诉讼。

陈述与保证条款

陈述与保证条款也被称为**声明与保证条款**，这些条款是买卖双方对诸如企业的财务状况、诉讼、知识产权等进行保证时的一种书面声明。大多数情况下，陈述与保证条款是由卖方制定的。但是，如果想把企业卖给一家私人企业，那么从买方获得充分的陈述与保证条款是很明智的，因为要核实一家私人企业的信息更加困难。

在兼并谈判期间违反陈述与保证条款很容易导致交易终止或估值降低。如果在交易达成后发生违规行为，那么损失可能会从预留账户中支出。或者说，如果发生股权切离，那么买方可能有权要求卖方承担个人责任。但如果卖方仍然为买方工作，就可能会造成敌对局面。因此，重要的是，不要同意任何可能导致违反陈述与保证条款而需承担个人责任的话语。

就陈述与保证条款谈判通常是个耗时且容易引起争论的过程，因为买方在达成交易时承担了很大风险。会不会有隐藏的定时炸弹？这家企业即将面临重大问题吗？

为了减轻陈述与保证条款带来的影响，卖方可做一些选择。他们可以使用**重要性条款**来限制责任风险。例如，任何与诉讼有关的陈述与保证条款都可以写明，赔偿责任不会超过 100 万美元。如果没有这一条款，风险可能是无限的。

另一个有用的方法是**知情限定**。这意味着你同意陈述与保证条款上有“基于你最大程度的了解”的相关说明。这是一种尽可能减少责任风险的好方法，因为买方在收购时很难证明你在收购时知道什么。

排他性条款

排他性条款是标准条款。买方做出了实质性的承诺，不想把交易输给竞争对手，也不想付出更高的价格。这是合理的主张。

该条款会阻止你寻找其他潜在的买方，因此，你应该就时间期限进行协商。一般来说，30～60 天都是不错的，这足够完成交易。

费用

不管交易是否达成，都要让买方支付所有的费用，包括法律费用和投资银行费用。

在极少数情况下，你可能还会得到**分手费**：如果买方终止交易，那么你会得到一笔分手费。为了避免这种情况发生，买方会提出一项**重大不利改变条款**。这意味着如果业务出现严重恶化，买方可以退出交易。

分手费通常为交易价值的 2%～10%。然而，这种安排主要是针对大型交易，如 Instagram（分手费为 2 亿美元）。这些复杂的交易可能需要 6 个月到 1 年的时间才能完成，而且反垄断部门总是有可能阻止交易。分手费可以弥补风险。

雇用协议

对技术交易来说，买方通常会为重要员工制定雇用协议。在就这些文件进行谈判时，你应该聘请自己的律师，因为企业律师关心的是企业的利益，而不是你的利益。

谈判的一个主要部分是薪酬，所以你要努力获得丰厚的工资和股权包！但还要就以下其他重要内容进行谈判。

解雇

创始人通常会被解雇：从领导者变成了员工，这是一个艰难的转变。

在雇用协议中，买方通常指明他们有权因“正当理由”解雇员工。这种说法看似无关痛痒，但定义相当宽泛。你应该将“正当理由”限制在犯罪活动、诈骗、严重欺诈和持续不履行职责等方面。

如果能通过谈判达成一项必要条件——解雇要有“充分理由”就更好了。但这会使得雇主的负担更加沉重，所以他们可能会对薪酬进行重大变更、剥夺你的职务或对你进行重新安置等。

如果你无缘无故或者没有什么正当理由被解雇，那么你就有权获得某种遣散费。这可能是 1～2 年的工资及完全行使期权。

遣散费也可被视为**黄金降落伞**（如果遣散费是过去 5 年平均应税收入的 2.99 倍的话）。但是在这种情况下，你需要支付 20% 的联邦消费税。因此，要试着协商一下**补偿费**，这实际上意味着雇主要支付消费税。

你还应该确定有没有减损或抵消条款。如果没有，那么当你找到新工作时，可能会被要求返还一部分遣散费。

控制权变动

如果买方的企业也被收购，那么你应该对期权进行完全行权。在这种情况下，你会被解雇的风险很高。

保险 / 赔偿

如果你的企业被一家上市公司收购，你可能会被视为内部人士，这意味着你可能会面临股东诉讼。因此，在雇用协议中，你要确保雇主会根据董事和高级职员的规定为你提供保护，并提供赔偿。

竞业禁止条款

除非你是明星员工，否则就要接受这一条款。当你离开企业时，雇主通常要求你不能为竞争对手工作或者在同一个领域里创办新企业。但是这个协议应该有一个期限，比如 1～2 年，你也应该尽量缩小这项条款所关注的行业范围。

法院通常不赞同竞业禁止协议。他们普遍认为，员工应该有权在自己想要的地方工作。

但也有例外：收购。毕竟，收购价格的一部分是缘于重要员工提供的服务的独家使用权。换句话说，法院很可能强制执行竞业禁止协议。

总结

把企业卖掉可能会给人很大压力。卖得太早了吗？你在谈判时是不是损失了很多钱？你能在新企业以员工的身份工作吗？在做出决定之前，你必须考虑自己的目标。你还需要进行艰苦的谈判，因为没有办法撤销交易。

下一章将介绍另一种出路：IPO。这可能是一次激动人心的经历，能创造大量财富，但也有风险。

第 14 章

— *Chapter*14 —

IPO

我们在给予员工和投资者股票时，曾向他们做出承诺，要努力工作，提升股票的价值，让股票流通，而这一次的IPO将让我们兑现承诺。在成为上市公司后，我们还将对新的投资者做出类似承诺，也会付出同样的努力来兑现承诺。

——2012 年 2 月，扎克伯格致股东的一封信在 2012 年 5 月 18 日 Facebook 进行 IPO 之前，全世界都认为这将是一个巨大的成功。这看起来就像是一生难得一次大赚一笔的机会。据说有人准备将自己一生的积蓄投到 Facebook 股票里。

为了满足需求，Facebook 将发售的股票数量增加了 1 亿股，并将价格范围从 28～35 美元涨到 34～38 美元。一份报告显示，仅在亚洲，这次股票发售就被超额认购 20 倍。

但在 IPO 当天，一切都变得不顺利。由于订单涌入，美国纳斯达克证券交易所的计算机系统一度失控，投资者需要几个小时才能得到确认。股价从 42 美元跌至 38 美元。

这还不是最终的惨状。几个月里，股价下跌至 23 美元，投资者损失了 390 亿美元。IPO 的美梦结果成了一场噩梦。

这次发行的具体细节恐怕永远无人会知晓了，却提供了一些重要的经验教训，这也是本章要仔细研究的。在此之前，我们先来看看 IPO 的一些基本知识。

为何要公开上市

IPO 是指公司首次向公众发行股票，通常是通过像纽约或纳斯达克这样的国家级证券交易所发行。这样做的原因有很多，但主要原因是筹集资金。通常，所有的钱都用于资助公司的发展。对于较大的公司，部分收益也可能会用于购买内部人士的股份，包括风险投资者和员工。

Facebook 在 IPO 中募集了 160 亿美元，成为美国历史上第二大 IPO 交易。约 43% 的资本流向了公司，剩下的流向内部人士。以下是大致列表：

人员	套现（美元）
马克·扎克伯格	11.5 亿
彼得·蒂尔	6.4 亿
Accel 合伙公司	21.9 亿
DST 全球	17.4 亿
高盛集团（Goldman Sachs）	15.8 亿
普信集团（T. Rowe Price）	2.293 亿
老虎环球基金（Tiger Global Management）	7 440 万

进行 IPO 的另一个重要原因是获得信誉。公司必须先经过严格的审计并且满足合规性要求，这样潜在客户和合作伙伴才会对与公司做生意更有信心。

上市也意味着公司可以很容易地利用股票作为货币来购买其他公司。股票是流通的，其价值是可识别的，因为每个工作日都会进行交易。公司也会从现金储蓄中受益。

一旦公司上市，想筹集额外的资本往往会变得更加容易。一群了解公司历史的投资者可能会愿意购买更多的股票。公司定期发布财务状况也是很有帮助的。

当一家公司在 IPO 后发售股票，这种融资被称为**二次发售**。大多数情况下，当估值相当稳健时，公司会这样做。

公开上市的弊端

Facebook 等了 8 年才上市。对这种规模的公司来说，时间的确挺久的。与之对比，谷歌只等了 5 年就上市了。

扎克伯格明确表示，他希望在成为上市公司之前等待的时间越长越好。触发他进行 IPO 的主要原因是一条过时的联邦证券规则，规定一旦公司的股东达到 500 名，就必须通过美国证券交易委员会进行公开披露。但搞笑的是，这条规则在 Facebook 开始上市进程后就改了，新的限制是 2000 个股东。

为什么扎克伯格对于公开上市这么反感呢？主要原因是他希望对公司的规划和财务状况保密，这能给 Facebook 带来竞争优势。

但也许最重要的原因是，扎克伯格并不希望受到社会公众股东、华尔街分析师以及繁重的监管要求的干扰。除了像沃伦·巴菲特这样的投资者，大多数华尔街投资者都希望看到短期业绩，如果满足不了他们的过高期望，他们就会抛售股票。当 Facebook 报告其第一季度财报时，扎克伯格的看法很明显得到了验证：股价暴跌了 12%。但他并没有为此改变自己的长期规划，他在 Facebook 上市后的第一次盈利电话会议上强调了这一点。

由于股价暴跌，扎克伯格获得了 IPO 的另一个消极影响的一手经验：股东诉讼。律师很快就把各种投诉整理到一起，将他告上了法庭。虽然 Facebook 有足够的保险和法律资源来应对诉讼，但这仍然成了它很大的干扰。

股票大幅下跌甚至可能激发恶意收购，但扎克伯格明智地进行了结构调整，以将这种可能性减少到最低。他设置了两种类型的股票：A 类和 B 类。B 类股票一股有 10 票投票权，A 类股票一股只有一票。这意味着扎克伯格在公司进行 IPO 后保持了近 56% 的投票权，从而使外部股东难以获得控制权。双重股权结构受到星佳、领英和高朋等其他大型社交媒体运营商的喜爱。

IPO 还意味着公司要承担持续的花销，每年很可能花费 300 万～500 万美元。这些费用是支付给律师、审计师和投资者关系公司的。他们对编制财务披露报表和实施核心系统来确保公司符合各种各样的法律法规至关重要。

所有这一切的核心是《萨班斯 – 奥克斯利法案》（Sarbanes-Oxley Act）。2002 年，美国国会通过了这项具有里程碑意义的立法，以回应安然（Enron）和美国世界通讯公司（WorldCom）的会计丑闻，其目的是使公司欺诈成为历史。

这的确是个好方法，有助于恢复人们对市场的信心。但这些要求被证明是相当繁重的，例如公司的 CEO 和首席财务官（CFO）必须签署季度和年度报告。如果披露被发现是欺诈性的，这些高管可能会面临高达 500 万美元的罚款或者 20 年有期徒刑。

也许最严苛的要求是第 404 条，要求审计师对公司的内部控制和财务体系进行测试，这可以说是费时又费钱的过程。

的确，《萨班斯 - 奥克斯利法案》有助于减少公司欺诈，但也意味着更少的公司会选择进行 IPO。这绝不是件好事，因为一个健康的金融市场对鼓励创业至关重要。如果 IPO 很可行的话，投资者还是很愿意投入资金进行运作的。

2012 年，奥巴马（Obama）总统和美国国会通过了《乔布斯法案》以削弱《萨班斯 - 奥克斯利法案》的影响力。《乔布斯法案》减少了一些披露要求，并且提出，如果公司符合**新兴成长**企业的定义（每年营业收入不到 10 亿美元），就能豁免《萨班斯 - 奥克斯利法案》第 404 条要求。现在谈《乔布斯法案》的影响为时尚早，但是通过减轻《萨班斯 - 奥克斯利法案》带来的一些负担，《乔布斯法案》应该会产生积极的影响，使得 IPO 市场更为稳健。

IPO 准备

进行 IPO 可能需要 6～12 个月。另外，为了做好 **IPO 准备**，需要做很多工作，这涉及实施强大的财务报告体系、聘请重要高级管理人员，这些工作很可能需要一年或以上的时间。

就 Facebook 而言，聘请的一个关键人物是谢丽尔·桑德伯格，公司的首席运营官。Facebook 还填补了首席财务官这个重要职位：这就是 2009 年进入董事会的戴维·埃博斯曼（David A. Ebersman）。在此之前，埃博斯曼是大型生物技术公司——美国基因工程技术公司的首席财务官。他还有华尔街的工作经验，曾在奥本海默公司（Oppenheimer & Co.）做过股票分析师。

除了强大的高级管理团队，公司还需要留住一流的顾问。具体顾问包括以下几种。

承销商

承销商是华尔街上管理 IPO 流程的公司，责任包括起草招股说明书、给出估值以及找到合适的投资者。

承销商通常根据募集到的金额获得报酬，通常是募集金额的 2%~7%。但是，Facebook 的承销商摩根士丹利（Morgan Stanley）只拿到了募集金额 1% 的报酬，主要是因为 Facebook 具有高知名度，为了拿到这个工作，所有顶级承销商都进行了激烈的竞争。

律师

IPO 需要许多律师的参与，他们要帮助处理州和联邦证券法下的复杂法律问题。

在整个过程中，聘请具有丰富经验的律师事务所并且知道如何和美国证券交易委员会打交道是很重要的。如果外国投资者对 IPO 有很浓厚的兴趣，你甚至可能需要聘请海外的律师事务所。例如，Facebook 向欧洲、日本以及新加坡的投资者发行了大量的 IPO 股票。

审计人员

审计事务所为公司的财务报表提供保证。为了进行 IPO，审计人员必须向美国证券交易委员会注册。

审计人员要履行各种职责，其中最重要的是发出**告慰函**（comfort letter）。告慰函确保财务报表符合一般公认会计准则（GAAP）。

有些情况下，审计师会发布**持续经营**（going concern）声明。这意味着他认为公司可能会破产！

成为真正的公司

为了准备上市，公司需要做的不仅仅是把账目整理清楚、聘请顶尖人物，还需要高度规范的产品开发方案。

扎克伯格就不得不经历这种转变。在早期，他并没有发出任何警告会对 Facebook 平台进行改变，只是发布了产品和功能。这对用户来说是很抓狂的，经常有人抱怨。扎克伯格认为这是个积极的迹象，因为大家对产品充满热情。

但是，随着公司的发展，这种凭借感觉做事的方法可能是致命的。后来，扎克伯格对自己的策略做了些重大的调整，变得更有条理。这在时间轴（Timeline）的整个开发过程中显而易见。该项目的起源要追溯到扎克伯格与萨姆·列辛（Sam Lessin）进行的头脑风暴会议。列辛是扎克伯格在哈佛的哥们儿。2010 年 10 月 Facebook 收购 Drop.io，列辛进入 Facebook 董事会。

一旦有了明确的想法，扎克伯格就开始着手精心制定项目规划，这一过程持续了 18 个月。规划涉及了任何大公司都会遇到的事情，如进行小组焦点会及多次反复（提出了 100 多个不同版本的时间轴）。

为了进行测试，Facebook 首先在新西兰（New Zealand）试行时间轴。这是个很有用的办法，能获得有价值的反馈，并对产品进行调整。同时，Facebook 开始训练广告主和开发伙伴，他们需要为顺利过渡做好准备。

这种训练可能成为初创企业的障碍，但随着时间的推移，转型是必要的。这可能是个艰难并充满问题的过程，但对实现规模增长则是至关重要的。

IPO 流程

当决定上市时，公司首先必须选择一家主承销商。这个过程称为**“烘焙大赛”**，涉及众多的演讲。公司可能会聘请两个或两个以上的主承销商（称为**联席承销商**或**联席经办人**）。有时，这是为了显示出更高的可信度。对科技公司来说，将摩根士丹利和高盛集团作为**联席经办人**是很常见的。

当然，除了品牌价值，公司还希望获得其他好处。例如，看看承销商是否拥有强大的零售投资者群体、权威分析师和分布广泛的交易组织（trading organization），这是很聪明的做法。上市后提供的服务也很重要。顶级承销商会就兼并和二次发售等事宜提供建议。

公司一旦选择了承销商或联席承销商，就会召开全体员工大会，制定主要目标和时间表。

首先要交付的是**招股说明书**，也称为 S-1 文件，包括财务状况、风险因素、高管薪酬、融资历史和商业计划书。在向美国证券交易委员会提交 S-1 文件之前，公司不得公布其公开上市的意向。违反这个规则被称为**抢跑**，可能意味着延迟 IPO。

承销商也会向公司发一份**意向书**，制定报酬和其他条款。意向书直到上市前一天才具有约束力。此刻，即使不能向公众出售股票，承销商也必须向公司开具一张支票。

在 S-1 文件完成后，承销商将其提交给美国证券交易委员会。一个月左右之后，联邦机构会向公司发回问题反馈（称为**意见**）。这些问题可能是会引起争议的，就像高朋网那样。高朋网对好几个会计问题进行了大力反击，结果显示这是个很大的错误，因为该公司不得不在上市后重新汇报其第一季度的收益。这非常尴尬。

Facebook 的整个过程进展很顺利。公司采取了保守的财务方案和会计原则，这些起到了积极作用。这种策略对任何公司都会有好处。

选择交易所

通常，在纽约证券交易所和纳斯达克证券交易所之间选择一个交易所。按照惯例，初创科技公司在纳斯达克证券交易所上市。

这一惯例一直在变化：纽约证券交易所已经吸引住了一些顶尖的公司包括潘多拉电台以及 Yelp。由于纳斯达克证券交易所搞砸了 Facebook 的 IPO，这种趋势可能会加速。

你应该规避一些交易平台，包括场外交易议价板（OTC Bulletin Board）和粉单市场（Pink Sheet）等。这些平台主要提供报价服务，所受监管要少得多，交易量通常也很少。

路演

路演也称**盛大表演**。在路演期间，高级管理人员要花 1～2 个星期的时间向投资者做演讲。大多数情况下，演讲是在洛杉矶、波士顿、纽约、达拉斯（Dallas）和旧金山等美国大城市进行。但有时候，管理层可能会在欧洲和亚洲进行演讲。

Facebook 的路演主要参与人是埃博斯曼和桑德伯格。扎克伯格只出席了两场演讲，当他穿着连帽衫和凉鞋出席时，引起了媒体的轰动。

在路演过程中，主承销商对投资者的兴趣进行评估。这有助于确定股票发行的价格范围。如果需求强劲，承销商可能会提高价格范围增加股份数量。

如果在此期间招股说明书有任何变动，该公司需要提交**自由书写招股说明书**（free writing prospectus，在美国证券交易委员会网站上 FWP 一栏）。Facebook 于 2012 年 5 月 5 日提交了一次；由于要迅速将业务转移到移动领域，Facebook 在说明书中披露了一些不足。这一披露可能是令大家对交易失去些许热情的关键因素，也是第一季度报告相对疲软的不祥迹象。但 Facebook 没有选择，美国证券交易委员会一直要求披露业务上的重大变化。

IPO 之日

在 IPO 前几天，承销商向美国证券交易委员会发送**加速请求**，该请求声明 S-1 文件**有效**。公司现在可以向公众出售股票了。

IPO 前一天晚上，承销商和公司确定股票发行价格。这可能需要经过激烈的讨论——公司想筹集尽可能多的资金，而承销商想确保投资者获得诱人的回报。Facebook 的定价会议只持续了约 10 分钟，因为他们已经对 38 美元的最佳 IPO 价格达成了共识。

一旦价格定下来，承销商就会通知投资者，并向他们分配股票（通常少于所要求的数量）。因为一般来说，需求会大于现有股份数。

在 IPO 当天，CEO 经常会在纽约证券交易所敲响钟声或在纳斯达克证券交易所开市，还会有很多媒体采访。IPO 也是一个很好的品牌活动。

文化变革

如果你是 20 多岁，身价数百万美元，你还会有动力继续努力工作吗？也许不会。对任何极成功的公司来说，IPO 都是个巨大的挑战。Facebook 的 IPO 创造了 1000 多个百万富翁。

公司所面临的挑战就是寻求保持激情和积极性的方法。这就是为什么 Facebook 在 IPO 的前一天晚上进行了编程马拉松。这是为了提醒大家，公司需要关注未来。

保持黑客文化可能是 Facebook 最大的挑战。一个叫作**静等股票变现**（VIP）的概念描述了那些工作只是混日子，只要不被开除被迫放弃期权就行的高级员工。这在硅谷很常见。

另一个问题是财富的差距。新员工没有钱可分，但是他们看到别人买了大房子和漂亮的汽车。这就可能会引发嫉妒，损害生产率。

处理这些文化问题并不容易，关键是 CEO 必须是强大的领导者，并承诺他们会致力于长期发展。到目前为止，扎克伯格并没有放弃这一承诺。

Facebook 进行 IPO 的经验教训

Facebook 公开发行的一个关键点是获得正确估值的重要性。即使是像 Facebook 这样成熟的公司，这也是个难题，主要是因为技术行业有巨大的不确定性。像索尼和雅虎这样一度高高在上的公司，最终也可能落后。许多公司已经消失或被收购了。

虽然 Facebook 带着强劲的财务业绩上市，但对未来的业务仍然充满担忧。例如，一位高管为摩根士丹利公司的分析师提供了较低的营业收入和利润预期。分析师随后降低了自己的预测，并告诉了几位主要投资者。这并不违法，但吓到了投资者。

分析的核心在于从桌面流量到移动设备的快速转变，这一变化似乎是件好事，但是 Facebook 并没有预料到这一转变，也没能创建相应的广告系统通过移动应用赚钱。

同时，另一个消息带来了更多的不确定性：通用汽车公司计划撤销在 Facebook 上的所有广告。在广告支出方面，通用汽车公司在全美位居第三位，所以这一巨大变动引起了大家的注意。

投资者开始变得不安。Facebook 的增长减速了吗？什么时候才能找到适合移动领域的商业模式？通用汽车公司的问题只是更多缺陷的开始吗？鉴于这一切，公司似乎应该对估值更加保守。

公共市场上有不同种类的投资者，意识到这一点很重要。他们中的许多人不一定了解新奇的技术，不想为股票支付估值溢价。Facebook 应该在以前的股票发行中看到过这种糟糕的表现，例如星佳、潘多拉和高朋网。

此外，许多华尔街高级投资者仍对互联网繁荣时期记忆犹新，他们可不想被困在另一个让他们血本无归的萧条之中。

Facebook 和摩根士丹利公司显然忽略了这些迹象。相反，他们更重视在二级市场上的高估值。在二级市场上，Facebook 的股票在 40 多岁的人中进行着常规交易。

二级市场的流动性远远低于公开市场，投资者也有所不同：其中许多投资者对技术领域的前景深感乐观。所以，他们会为股票支付溢价也是有道理的。

估值并不是唯一的问题。扎克伯格对于 IPO 流程太不关心了。股票发行后的第二天他结婚了！这是个出格的举动，没能鼓舞投资者的信心。

放眼未来，扎克伯格可能会改变他的做法。如果他想要企业兴旺发达，就需要注意华尔街的动向。其他出色的公司包括微软、谷歌和苹果都是这么做的。扎克伯格似乎已经得到了教训：他在 Facebook 与投资者的第一次电话会议上所起的积极作用就是例子。

总结

本章探讨了 IPO 的关键步骤，以及提高 IPO 成功概率的方法。尽管相关法规没有过去那么繁重了，但只有一流的公司才能在公共市场上取得成功。投资者会忽视掉不能持续增长的公司，这意味着股价下跌。

下一章将探讨财富管理，这是一个创业者可能忽略的话题，并会因此酿成大错。

第 15 章

— *Chapter*15 —

财富管理

相比资本收益率，我更关心资本带来的回报。

——威尔・罗杰斯（Will Rogers）

马克·扎克伯格是世界上第二年轻的亿万富翁，最年轻的是他的联合创始人达斯汀·莫斯科维茨。（达斯汀仅比扎克伯格小 8 天。）

不像科技界的其他巨富，如 Oracle 的拉里·埃里森（Larry Ellison）和微软的比尔·盖茨，扎克伯格没有多处房产、各种各样的游艇和昂贵的玩意儿。他位于门洛帕克市的房子也就 700 万美元，对亿万富翁来说，似乎有点寒碜，而且他还得找莫斯科维茨借钱来付首付！

财富对扎克伯格来说似乎不那么重要。他本来有机会卖掉 Facebook，拿着一大笔钱离开公司，但他拒绝了。他肩负着改变世界的宏大使命，如果他这么做了，这个使命将永无实现之日。

扎克伯格十分注重对财富进行合理管理。在 IPO 期间，他出售了 11.5 亿美元的股票来行使股票期权和进行纳税，还留了几百万美元确保有钱付账。

我们在本章来看一看创业者独一无二的理财需求，以及这些需求是怎么随着公司的发展而演化的。其中一些主题涉及二级市场、财务规划核心原则、资产保护和慈善。

初创时期

在刚刚创建企业时，你很可能没什么钱。为了维持生计，你甚至要兼职，还得跟人合租。

能靠着极低的收入过活是成功的关键特征。为了撑过这段时间，最好把花的每一分钱记下来以及使用像 Mint.com 这种网站提供的服务。学习一些个人理财的基本原理也是有用的。好消息是，很多出色的网站都能帮助你，比如 Money.com、Kiplinger.com 和 BankRate.com。

即使是在筹集资金的时候，你的薪水也可能会很微薄，因为投资者想要确保你是受到了股权的激励。彼得·蒂尔认为，CEO 一年的收入不应该高于 15 万美元。这个数额在很多地方可能看似很高，但在像硅谷和纽约这样的科技热区绝非如此。

二级交易

经过几轮的融资后，你的企业的价值可能超过了 1 亿美元，也就是说你正式成为了巨富。虽然这是个非凡的成就，还有点儿梦幻，但有个问题：在卖掉公司或者上市之前，你都不能把这些财富变成流动资金。

有种方法能帮你获得一些流动资金：利用二级市场。二级市场是在线平台，比如 SecondMarket 和 SharesPost，可以让创始人和员工卖掉一些私人持有的股票。

从 2008 年到 2011 年，二级市场上最畅销的是 Facebook 的股票，这应该一点儿都不意外。通过买卖股票，员工可以对其财富进行多样化投资，甚至用于自己的初创企业。

然而，在交易之前，先和你的投资者商量一下，应该让他们理解你的需求并且认识到，让你从自己的成功中获取回报有多么重要。投资者也可能有兴趣购买股票，或者认识其他能让股票增值的买家，这样能让公司的股权一直被友方持有。

如果你决定使用二级市场交易平台，这个过程大概需要 30～45 天。第一步是要找到大量的投标人，并核查他们的背景。一旦确定了合格的买家，就要准备一些文件，比如起草购买协议，最好找一名资深律师来审核所有的文件。买家把钱划到托管账户里，等收到股票凭证后，才能取出账户里的钱。

二级市场交易平台一般按交易金额收取一定比例的费用，比如 1%～5%。但和做其他生意一样，这个费用是可以协商的。

应该出售多少钱的股票？对这一点并没有明确的规则。从财务规划的角度看，卖出至少价值 2～3 年工资的股票比较合理。创始人最后因为厌倦或者要进行其他早期创业而离开公司的情况也很常见。如果你有大笔富余资金，那么当你决定在职业道路上做出重大改变时，就不会有压力了。

处于初创阶段的企业风险非常大，看看掘客，它以前是社交媒体的宠儿，却不敌像 Facebook 这样的对手。然而，掘客的创始人凯文·罗斯（Kevin Rose）卖出了足量的股份来进行其他的创业，他甚至还有足够的钱来投资突破性的企业，比如推特和星佳。

如果能从创业当中赚点儿流动资金，这样或许是最好的。

辉煌时代

回顾 20 世纪 80 年代末期，约翰·迈克菲（John McAfee）成立了迈克菲联合公司（McAfee Associates），为杀毒软件开辟了一个快速增长的市场。其分销模式在当时前所未有：赠送产品。如果客户喜欢该产品，他们就会订购。迈克菲联合公司呈现出了爆炸式增长，于 1992 年上市。

很多创业者这样就满足了，但迈克菲没有。他厌倦了企业生活，几年后离开了迈克菲联合公司并兑现了大约 1 亿美元。然后他大胆地投资房地产和科技股票，甚至投资了雷曼兄弟的高收益债券。

迈克菲的策略一直顺风顺水，直到 2008 年金融体系危机。危机过后，他只剩大约 400 万美元。

这种故事在科技领域司空见惯，关键原因在于创业者热衷于冒险。在创办新企业时可能还好，但如果涉及管理私人财务，这可能会是最坏的一种方法。在过去几十年里，全球市场变得相当不稳定，包括突如其来的互联网和房地产泡沫。

在私人财务管理方面，最好有一个实际且均衡的方案。想要事情顺利，这里有几点需要考虑。

风险与回报

如果你想获得潜在的高额回报，那么就需要冒险。这在投资领域是老生常谈了。所以，如果某位金融顾问向你推介一个机会，说能获得超高收益，但是风险非常小，一笑而过吧。其中可能蕴藏着巨大的风险！

过去几年里，大骗局发生过几次。最臭名昭著的案例就是伯尼·麦道夫（Bernie Madoff），他打造了一个 650 亿美元的庞氏骗局。永远不要忘了：如果一件事好得不像真的，那就多半不是真的。

核心组合

共同基金和交易所交易基金（ETFs）能为你创造财富带来巨大的优势，这些基金能让你接触到几种主要的资产，比如股票、债券和房地产。经验法则是要把一半以上的流动资金投资在这些资产上。

那么，每种资产应该投多少钱？这跟你的目标、家境和年龄有关。信誉好的金融顾问会在资产分配上给你提些有用的建议。还有些非常好的网站，比如专注于满足科技创业者需求的 Wealthfront。

恐慌时期的安全港

恐慌时期的安全港通常是指买黄金。我建议黄金资产要占投资组合的 5%～10%。好消息是，相比五六年前还得找个地方储存黄金，现在持有黄金要简单多了，如买入 SPDR 黄金基金（GLD）。这是一个交易所交易基金，由存储在伦敦金库里的金条担保。

黄金有史以来就是恐慌时期的安全港。如果市场在将来仍然动荡，黄金应该是投资组合中的中坚力量。

其他投资

其他既不是股票也不是债券的投资，这种投资多种多样，包括商品、木材和货币等。

对冲基金是接触其他投资的一种方法。基金经理一般有着充分的自由，比如可以做空股票，这样就能在投资行情下跌时赚到钱！

然而，对冲基金有高收费结构。基金经理一般以 2/20 的方式收费：也就是指他们得到受管理资产的 2% 和利润的 20%。

对冲基金甚至会有一个**禁售期**，在几年里投资者都不准退资。在 2008 年金融危机这种时期，这会让投资者坐立不安。

在选择对冲基金时，一定要多做功课。从现有的投资者那里获得推荐，然后核查一下基金经理的背景。顶尖的金融顾问也能帮助你。

天使投资

创业让你富起来以后，你很可能就会开始进行天使投资了。天使投资可能很好玩，但风险也相当大。多数情况下，这些投资都失败了。就算是那些成功的投资，不坚持个三五年也拿不到回报。所以，天使投资在净值中的占比应该低一些，大概少于 5%。

税

税是个至关重要的因素。留下 5%～10% 的钱纳税是很重要的。像 TurboTax 这种税务软件提供的服务就非常好，但这对富有的创业者而言不是最好的选择，因为税法总在不断变动，这类软件没时间跟进。最好的方法是找个专家，了解哪些事务会给创业者带来影响。

资产保护

等你变成了富翁和名人，就会发现自己有一大堆朋友。当然了，他们是想从你手里分一杯羹！这并不是说你要对遇到的每个人都持有戒心。但实际情况是，富人容易招惹“苍蝇”，所以一定要谨慎。

你应该看一看**资产保护**的相关知识，这是保护你的财产远离潜在纠纷的一种方法。的确，这些技巧不是万无一失的，扎克伯格就曾经成了多项诉讼的被告，但是这应该能帮你避免很多问题。

有几件事是你要考虑的。

- **不要签个人保证书**：签个人保证书根本就是在拿自己的所有资产为潜在责任做抵押。
- **充分购买保险**：你需要定期对资产进行盘存，确定资产价值，然后确保有足够的保险。
- **设立保护实体**：通常是可以拥有资产的公司。这么做能让债权人更难接触到你的资产。一种普遍的实体是信托，例如扎克伯格就以马克·扎克伯格 2008 年金信托的受托人身份持有股份。他成立这个信托机构可能就是为了保护资产，同时获得一些税收优惠。
- **注意公司的相关事务**：在签合同之前先看一下有没有可能会让你承担个人责任的地方，公司也应该有足够的董事及高级管理人员责任保险。股东诉讼是司空见惯的事。

慈善

2010 年年末，扎克伯格承诺将至少一半财产捐给慈善机构。比尔·盖茨的“捐赠誓言”中也有这一承诺。参与慈善活动的还有史蒂夫·凯斯、沃伦·巴菲特、拉里·埃里森、乔治·卢卡斯（George Lucas）以及迈克尔·布隆伯格（Michael Bloomberg）。

扎克伯格已经捐了款。最值得一提的是他向新泽西州纽瓦克市（Newark）的公立学校系统捐了 1 亿美元。他是这么说的：

> 人们总是等到职业生涯晚期才进行回馈，但如果有那么多可以做的事，那么为什么要等？公司的成功让年轻的一代人发达起来，对我们中的很多人来说，这是一次大好机会，让我们在有生之年能够早些回馈，并且看到我们的慈善行为带来的影响。

这是个非常好的建议，说明了不能一心“向钱看”，最好把注意力放在重要的事情上，这也一直是扎克伯格的驱动力。在本书所介绍的所有内容里，这可能是最重要的一课。

第 16 章

— *Chapter*16 —

总结

如果我那天没有推出（Facebook），那我就会把它封存，并继续下一项事业。[⊖]

——马克 · 扎克伯格

⊖ Kate Little, “Facebook’s Early Days: ‘I Was About to Just Can It,’” May 12, 2012, CNBC, www.cnbc.com/id/47378201.

虽然本书的涉猎颇广，但不能将书中的一切皆视为真理。每家企业各不相同，你必须谨记，不仅要对产品，而且要对商业模式和走向市场的策略进行创新。

你要明白一件重要的事情：企业应该能够（为人们）解决棘手的问题。Facebook 取代了人们保持联系的旧有方式，如邮寄信件、打电话和发电子邮件等。扎克伯格知道一定有更好的方式。

扎克伯格不只是编写了网站的代码，他还运用复杂的算法搭建了一个平台，专注于那些对人们来说很重要的关系类型，而且他允许第三方为其系统开发应用程序，这使得该系统更为稳健。最终，Facebook 构建了多重强大的壁垒，使得竞争对手难以形成威胁。

要做到这一点并不容易，需要经历许许多多的编程马拉松和难眠之夜。这样，扎克伯格就必须花大量时间招聘全球顶尖人才。他清楚自己的使命，也明白要如何实现。

Facebook 的成功并不意味着你就应该将重点放在社交网

络、互联网或移动领域。这些领域对创业者而言，确实存在着许多机遇，但不可管中窥豹，也不要涉足近年热门的领域。当你寻求问题的解决之道时，有很多不同类别的领域可以考虑。你带来的冲击可能会比 Facebook 还要大。

以下是我想到的一些领域。

计算机

尽管计算机基本上算是日用品了，但如果有人能超越硅芯片，则仍然能创造大笔财富。原因在于，在接下来的 20 年里（也可能更快），摩尔定律将会失去效力。简单来说，每过 18 个月计算机处理能力就会加倍的定律将不复存在。硅芯片在蚀刻晶体管这一方面存在天然局限性，而由于量子力学，这项技术的前途变得无法预测。

没有了摩尔定律的支撑，计算机产业就会深陷困境。为解决这一问题，需要大力研究新型芯片，例如那些使用创新性的化学或纳米技术概念制作的芯片。

能源

早在 20 世纪 60 年代，壳牌石油公司（Shell Oil）的地球物理学家金·哈伯特（M. King. Hubbert）博士就提出了“石油峰值理论”（peak theory of oil）。该理论认为，石油产量注定会达到最高点，之后便会经历陡降。

哈伯特预测美国可能在 70 年代初期迎来石油产量的顶峰。因此，他备受批评，但最终事实证明，他是正确的。

他的理论提到沙特（Saudi）的石油峰值将出现在 2007～2011 年。在这一点上，他的确可能是错的。但事实是，石油价格在过去 10 年间一直保持高位。同时，寻找新的油田越来越困难。

如果世界石油产量达到峰值，那就可能是灾难。石油是财富的关键驱动力。

所以，对创业者而言，这似乎是个研究新能源概念的绝佳机会，如核聚变、磁力和超导电体。这些领域还处于初级阶段，出现巨大突破的时机已经成熟。

生物技术

生物技术领域已经取得了巨大的突破，基因组的解码是惊人的成就。

在 2012 年，你可以找到一家企业对自己的基因组进行完全解码，大概花费 1000 美元。不出 10 年，这个价格可能会下降到 100 美元。如果按这一趋势发展，世界范围内将有数亿个基因组可用，而这些基因组是治愈如糖尿病、阿兹海默病、囊性纤维化、艾滋病病毒、帕金森病和癌症这些疑难杂症的关键。要想这么做，就需要创业者具备把先进的计算机系统应用于生物技术系统的能力，这一过程就是所谓的**生物信息学**（bioinformatics）。这绝对是个值得研究的领域。

我的观点就是你需要扩大视野，走出自己的舒适区，因为未来几十年将有惊人的新技术产生。

希望你在这本书中能学到一些实用的工具，从 Facebook 这类公司中获得鼓舞。现在是时候开始你的创业之旅了！

术语表

83(b) election 条款 该条款是免税代码的一部分内容，允许股票的即时行权。通常可以降低纳税支出。在收到赠予股票的 30 天内需要上交 83（b）election 申请。

加速行权（accelerated vesting） 在控制权发生变动时，某人对其部分或全部股票期权进行行权。

创业加速器（accelerators） 与天使投资团体相似，但能为其支持的创业企业提供办公空间。创业加速器往往可以提供持续的建议和指导。顶级创业加速器包括 Y Combinator 和 TechStars。

应收账款（accounts receivable） 企业已出售了产品或服务但客户尚未支付而产生的资产。

人才收购（acqui-hire） 以获得高级工程师为主要目的的企业收购。Facebook 进行的此类交易已经超过 25 次。

天使投资者（angel） 用个人资金向初创企业进行投资的人。这些人通常为富有人士或前创业者。

反稀释条款（anti-dilution clause） 当下一轮融资的估值较低（即估值下调）时，该条款赋予现有投资者获得更多股份的权利。

资产收购（asset purchase） 买方购买卖方的全部或大部分资产，以换取股份或现金（或二者相结合）。这种收购有利于避开负债，也常常会有某些税收收益。

审计师（auditor） 审计师为企业的财务报表提供保证。为了进行 IPO，审计人员必须向 SEC 注册。

资产负债表（balance sheet） 包括企业资产、负债和权益在内的财务报告。应该总是按照这一公式来进行平衡：资产 = 负债 + 权益。

董事会（board of directors） 由 3～10 个成员组成的小组，每隔一个月左右，聚在一起审查公司的进展，对战略决策进行评估。所有的公司都设立董事会，董事会有权利任命和解雇 CEO。

商业模式（business model） 企业创造营业收入的方式。对 Facebook 来说，主要的商业模式是广告，但该公司也从其支付业务中获得大量营业收入。

股权结构表（capitalization table，也可以缩写成 cap table） 这个表格列出了拟议融资前后所有的股东及其股权。

控制权变动（change of control） 公司出售或清算时会发生控制权变动。这对个人的股票期权和股权来说是非常关键的事件。

普通股（common stock） 代表在公司中拥有的所有权。通常有一些权利，例如，对重要事件进行投票的权利。

转换权（conversion right） 投资者将优先股转换为普通股的权利。

可转换票据（convertible note） 向初创企业提供的一种贷款。期限为 6～18 个月。一旦进行了 A 轮融资，这种票据就会转换成普通股或优先股。

共售协议（co-sale agreement） 该协议规定，如果创始人想出售股票，那么其他投资者也有权出售一定比例的股票。

主营业务成本（cost of revenue） 包括与企业产品交付直接相关的所有费用。

众筹（crowdfunding） 利用公共网站向大众进行创业筹资。

众包（crowdsourcing） 借助用户群来进行开发，例如，图片设计。

日活跃用户数（daily active user, DAU） 每天至少访问网站一次的用户。DAU 是驱动 Facebook 成功的重要因素。

资料室（data room） 安全的在线门户网站，企业可以将尽职调查和其他投资者的资料放在网站上。

简报（deck） 用来筹集资金的幻灯片演讲报告。

股息（dividend） 公司支付给投资者的钱，可以是现金或股票的形式。

估值下调（down round） 当下一轮融资的估值较低时，就会发生估值打折。投资者会利用反稀释条款避免估值下调带来的威胁。

领售权（drag-along provision） 要求创始人和其他主要股东投票赞成公司重大交易，如出售或兼并。

双重股权结构（dual-class structure） 创始人持有一类特殊的股票，这类股票享有更多的投票权。这是保持公司控制权的一种方式。

尽职调查（due diligence） 在进行投资或者完成收购之前，对企业的财务和负债状况进行调查的过程。

基于财务表现的额外对价条款（earnout） 当业务达到某一里程碑时，员工获得的额外现金或股份。

新兴成长企业（emerging growth company）《乔布斯法案》

中定义的营业收入不超过 10 亿美元的企业，这些企业在上市时所受到的监管较少。

参与度（engagement） 用户进行留言、发送消息、点赞、评论和上传照片等活动的程度。

免费增值模式（freemium model） 是指企业的产品有一个功能齐全的免费版本。这种商业模式的目的是促使一小部分如 1%～5% 的用户群转而使用高级版本。

公认会计准则（generally accepted accounting principles, GAAP） 包括一套广泛的会计准则，由 SEC、美国注册会计师协会（AICPA）、财务会计准则委员会（FASB）和公众公司会计监督委员会（PCAOB）等权威部门制定。

商誉（goodwill） 指收购价值，用购买价格减去目标企业的净资产价值。

毛利润（gross profit） 主营业务收入减去主营业务成本。

毛利率（gross profit margin） 毛利润除以主营业务收入。

编程马拉松（hackathon） 是让“码农”在短时间如一个周末的时间内，开发出一个应用程序的比赛。这是 Facebook 创造出来的比赛，用以提升创新性。

预留账户（hold-back） 预留在托管账户的资金，以防违反收购的陈述与保证条款。

利润表（income statement） 以收入开始，然后扣除各项成本，结果就是盈利或亏损。

赔偿（indemnification） 确保公司会承担投资者和董事的负债，例如，在股东诉讼事件中。

知情权（information rights） 投资者检查公司账目的权利。

发明转让协议（invention assignment） 将员工创造的所有知识产权转移给雇主。

投资银行（investment bank） 为兼并收购和 IPO 提供咨询服务的企业。

首次公开募股（initial public offering, IPO） 公司首次向公众发行股票。

《乔布斯法案》(JOBS Act） 2012 年通过的一项法案，该法案使小企业筹资和上市更容易。其中一个合法化的领域就是众筹。

后期投资者（late-stage funder） 向成长得足够大的企业投资的投资者，诸如私募股权基金、对冲基金或互惠基金。通常，资金是用于从现有投资者和员工手里购买股份。这就是所谓的二次出售。

意向书（letter of intent，LOI） 是收购另一家企业的首次要约。列出了主要条款，例如，估值、对价类型及法律保护措施。

优先清算权（liquidation preference） 当发生清算事件（如收购）时，投资者享有优先权。最基本的是 1 倍优先权。这意味着投资者在其他所有人获得任何现金之前就可以拿回 1 倍的投资回报。

市值（market capitalization，也可缩写成 market cap） 股价乘以已发行股票数，反映公司的总价值。

竞业禁止条款（noncompete clause） 该协议禁止员工成为前雇主或其客户的竞争对手，通常有一个期限。在一些州，包括加利福尼亚州，这种条款一般不会强制执行，因为这种条款妨碍员工寻求工作机会。但如果该条款是收购的部分内容，一般会强制执行。

保密协议（nondisclosure agreement，NDA） 该法律协议禁止一方披露重要信息，通常有一个期限。这种协议通常会强制执行。

招揽禁止（nonsolicitation） 这类协议禁止你招揽前雇主的客户

或供应商。有趣的是，加利福尼亚州并不支持这类协议。

排他性条款（no-shop clause） 该条款规定存在拟议融资或收购时，企业不得寻求其他交易。

期权池（option pool） 期权总数中预留给员工的比例。通常占已发行股票的 5%～20%。

购买参股权条款（pay-to-play provision） 鼓励现有投资者参与接下来的几轮投资，如果他们不参与，要求他们将股份转换为普通股。

交易后估值（post-money valuation） 进行投资后对公司的估值，等于交易前估值加上融资总额。

优先股（preferred stock） 代表对公司的所有权，但享有特殊的权利和保护，例如，优先清算权、否决权和董事会席位。

交易前估值（pre-money valuation） 在外部投资进行之前对企业的估值。

保护性条款（protective provisions） 投资者的否决权，涉及的领域包括企业出售、公司注册证书的修订、新证券的发行等。

赎回权（redemption right） 投资者在一段固定的时间后把钱拿回来的权利。

登记权（registration rights） 申请 IPO 时，投资者的权利。

陈述与保证条款（representations and warranties） 公司在出售的过程中许下的承诺。如果违背这一条款，买方有权寻求赔偿。

转售限制（resale restriction，也称为优先受让权或 ROFR） 公司以目前的估值购回股份或选择自己的买家的权利。

限制性股票（restricted stock） 公司授予员工的股票，需要行权。当行权要求满足后，员工获得股票的所有权。

路演（road show） 在 IPO 前 1～2 个星期，高级管理人员向投资者所做的演讲。

S-1 文件（S-1） 上市时向美国证券交易委员会（SEC）提交的文件，包括招股说明书。招股说明书是一份重要的文件，阐明公司的商业计划书、财务状况和风险因素。

《萨班斯 - 奥克斯利法案》（Sarbanes-Oxley Act，SOX） 2002 年为回应会计丑闻通过的立法。该立法提高了披露要求，加大了刑事处罚。

二级市场（secondary market） 允许私营企业投资者和员工出售股份的一种在线交易平台。两大主要运营商是 SecondMarket 和 SharesPost。

美国证券交易委员会（Securities and Exchange Commission, SEC） 执行证券法的联邦机构，例如 IPO 和私人融资。

种子轮融资（seed funding） 公司向外部投资者进行的首轮融资活动。

A 轮融资（series A） 机构投资者，如风险资本家，参与的第一轮融资。

社交情境（social context） 基于互动好友的活动进行的广告，例如，给广告主的 Facebook 页面点赞等活动。人们很可能看重朋友的推荐，而不是直接的广告。

赞助内容（sponsored stories） 允许广告主向更多的粉丝传播信息的广告。

隐形初创企业（stealth startup） 秘密开发产品的初创企业。

股票期权（stock option） 员工以一定的股价购买固定数量股份的权利。员工必须在公司待够一定的时间，才有权利行使期权，也就是所谓的行权。

股权收购（stock purchase） 在收购中，买方购买卖方的全部或大部分股份。这对卖方较为有利。

战略投资者（strategic investor） 向初创期企业投资的大企业。

超级天使投资者（super angel） 对初创期企业进行投资的知名人士。通常，超级天使投资者的投资额很大，例如，100 万美元。他们可能还会拿别人的钱进行投资。

投资条款清单（term sheet） 天使投资者或风险投资家的投资要约邀请。该清单有几页长，会列出关键条款，例如，估值、投资总额和保护性条款。

承销商（underwriter） 华尔街上管理 IPO 流程的企业。

风险借贷者（venture lender） 为初创企业提供贷款的金融企业。贷款期限通常为 6～18 个月。

行权（vesting） 获得购买股票期权规定股份的权利的过程。这通常意味着员工必须继续为企业工作一段时间。最常见的行权计划是 1 年的底限期和接下来 3 年的每月兑现。也就是说，1 年后员工有权购买 25% 的期权股份。这之后，每月逐渐增加兑现的股份。

虚拟商品（virtual goods） 可以购买的数字产品。通常是在社交游戏中出现，例如星佳。Facebook 有一个支付平台允许进行这些交易。

认股权证（warrant） 同期权相似，赋予投资者以某一价格购买固定数量股份的权利。不需要行权。认股权证通常在融资时获得。

雇用作品（work for hire） 通常是承包商协议中的一项条款，意味着客户获得所有的知识产权。